德意志共和國史話

1918-1933

郭恒鈺　著

三民書局

國家圖書館出版品預行編目資料

德意志共和國史話(1918-1933)／郭
恒鈺著.--初版.--臺北市：三民，
民88
　　　面；　　公分
參考書目：面
ISBN 957-14-2931-7 (平裝)

1 德國-歷史-1918-1933

743.255　　　　　　　　　87017043

網際網路位址　http://www.sanmin.com.tw

ⓒ 德意志共和國史話 (1918-1933)

著作人　郭恒鈺
發行人　劉振強
產著作財
權人　三民書局股份有限公司
發行所　三民書局股份有限公司
　　　　地址／臺北市復興北路三八六號
　　　　電話／二五○○六六○○
　　　　郵撥／○○○九九九八──五號
印刷所　三民書局股份有限公司
門市部　復北店／臺北市復興北路三八六號
　　　　重南店／臺北市重慶南路一段六十一號
初版　　中華民國八十八年八月
編號　　S 74018
基本定價　肆元捌角
行政院新聞局登記證局版臺業字第○二○○號

有著作權‧不准侵害

ISBN 957-14-2931-7 (平裝)

前　言

　　這本《德意志共和國史話 (1918–1933)》是關於威瑪共和的一本政治史，敍述一個問題：為什麼這個年輕的共和國未能健全地成長起來，兩條腿走路，十四年後終於導致希特勒用「合法手段」取得政權。

　　在威瑪共和時期，軍隊是共和國的主要支柱，但是國防軍的本質、結構未變；軍事將領反對共和，嚮往帝制。政黨沒有民主傳統。在帝國時代，議員只能在國會清談論政，沒有參政的民主經驗。共和時期，右派政黨拒絕議會民主，中間的所謂資產階級政黨也沒有心甘情願地接受這個共和政體。最大的社會民主黨，不論執政還是在野，都支持、也保衛這個共和政府，但不是為了實現共和憲政的理念。對於這些政黨，還有行政官僚、智識分子和中產階級來說，共和國是一個非德意志的舶來品，是一個過渡時期的妥協產物。德意志共和國初期的悲劇是，從開始就沒人認同這個共和國；威瑪共和時期，沒有國慶日，也沒有憲法紀念日。

　　威瑪共和初期，政府為了全力應付飢餓、失業問題、來自左翼右派的顛覆暴動、通貨膨脹及履行凡爾賽和約的諸多義務，力不從心，焦頭爛額。人們普遍不滿，由不滿而譴責，再由譴責演變而為仇恨；仇恨這個給德國人民帶來苦難的、屈辱的凡爾賽和約。德國政府接受並履行這個和約所強制規定的不平等義務，因此人們也跟著仇恨這個「無能」和「出賣民族利益」的「共和」政府，以及那些主張接受和約的「十一月罪人」。「廢除不平等條約」與廢除議會民主連在一起，這是凡爾賽和約給德國人民帶來具

有深遠影響的嚴重後果。

德意志共和國，從各方面來看，都是一個「分裂」的國家，但是在對凡爾賽和約的態度上，全國上下，不分左右，同仇敵愾，一致對外。在德皇威廉第二統治下的「德意志帝國」是個暴發戶；不知道天多高，地多厚。第一次世界大戰爆發時，德國首先對俄法宣戰，一心要在歐陸稱霸。凡爾賽和約簽字後的德國，表現了高度的民族自卑感。另一方面，死不認帳，還要恢復往日光輝，「還我河山」。一九三九年希特勒打垮波蘭，一九四一年進攻蘇聯，也有其歷史根源。德國歷史學者，當時不接受第一次世界大戰失敗的事實；到了今天，不是避而不談，就是全力否認「歷史根源」這個論點。

自一九二四年起，德國進入所謂黃金的二十年代；經濟繁榮，政治穩定。這是靠外債度日，虛有其表。五年後發生世界經濟危機，又把德國推入災難的深淵。

共和時期，從開始到解體，軍事將領、政黨領袖，還有為數可觀的各級法官、智識分子、工業鉅子，都深信布爾什維克主義是對德國生存的最大威脅。軍方及政府全力應付，不惜血腥鎮壓，鎮壓那些要在德國搞蘇維埃共和國的共產黨人。但是對於來自所謂「民族主義」的右派的顛覆活動，則採取姑息政策。因此對於納粹主義的「運動」，未予重視，認為那是極右的、但是反共的、民族主義的運動。意想不到的戰爭失敗、強大帝國的突然瓦解、凡爾賽和約的屈辱條件，以及對議會民主體制功能的懷疑，使戰後德國人熱切期望「強人」出現；雪恥圖強，重振國威。納綷式的「救世」思想，是「領袖」希特勒推展納粹「運動」的主要動力。對希特勒及其「運動」的輕視，是威瑪共和後期的一個嚴重的失誤。

德意志共和國末期的悲劇是，一小撮軍人、貴族和財閥出身的政客，

首相（黨派）	內閣任期	執政日數
謝德曼內閣（社會民主黨，「總理」）	1919年2月13日—6月20日	130
鮑爾內閣（社會民主黨，8月14日起改稱「首相」）	1919年6月21日—1920年3月26日	277
穆勒第一次內閣（社會民主黨）	1920年3月27日—6月21日	72
費倫巴哈內閣（中央黨）	1920年6月25日—1921年5月4日	313
維爾德第一次內閣（中央黨）	1921年5月10日—10月22日	165
維爾德第二次內閣（中央黨）	1921年10月26日—1922年11月14日	384
古諾內閣（無黨派）	1922年11月22日—1923年8月12日	263
史特雷斯曼第一次內閣（德意志人民黨）	1923年8月13日—10月3日	52
史特雷斯曼第二次內閣（德意志人民黨）	1923年10月6日—11月23日	49
馬克斯第一次內閣（中央黨）	1923年11月30日—1924年5月26日	177
馬克斯第二次內閣（中央黨）	1924年6月3日—12月15日	195
路德第一次內閣（無黨派）	1925年1月15日—12月5日	223
路德第二次內閣（無黨派）	1926年1月20日—5月12日	112
馬克斯第三次內閣（中央黨）	1926年5月17日—12月17日	214
馬克斯第四次內閣（中央黨）	1927年1月29日—1928年6月12日	498
穆勒第二次內閣（社會民主黨）	1928年6月28日—1930年3月27日	637
布呂寧第一次內閣（中央黨）	1930年3月30日—1931年10月7日	556
布呂寧第二次內閣（中央黨）	1931年10月9日—1932年5月30日	233
巴本內閣（中央黨，6月3日起無黨派）	1932年6月1日—11月17日	170
史萊赫內閣（無黨派）	1932年12月3日—1933年1月30日	56
希特勒內閣（納粹黨）	1933年1月30日—3月23日	

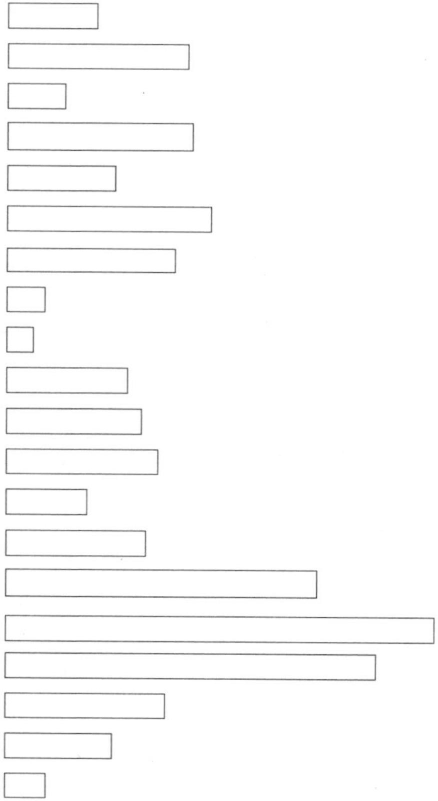

圖1 德意志共和國歷屆內閣

而且是沒有政治細胞、沒有政治理念的政客，縱橫捭闔，左右政局，最後搞出一個暴君希特勒。直到今天，希特勒這個幽靈還在德國的土地上到處遊蕩。

威瑪共和十四年，共有二十一個內閣（臨時政權時期三個，共和時期十八個）， 平均一個內閣的執政時間只有八個月左右。內閣短命，更迭頻繁，這是威瑪共和時期具有「德意志特色」的議會民主。本書分期，以內閣為主。

郭恒鈺

一九九九年三月，柏林

正名：「威瑪共和國」？

在大陸和臺灣出版的有關德國歷史的中文著作中，都把一九一八年至一九三三年的這段歷史稱之為「威瑪共和國」史。在德國現代史上，沒有出現過一個「威瑪共和國」，應予澄清。

自從一八七一年建國以來，一直到一九四五年第二次世界大戰結束，德國的國家名稱是「德意志國」(Das Deutsche Reich)，一共存在了七十四年：帝國四十八年，共和十四年，納粹十二年。一八七一年俾斯麥創建的「德意志國」是帝國體制，中文譯為「德意志帝國」不成問題。至於共和十四年，中文著作稱之為「威瑪共和國」，係譯自德語 "Die Weimarer Republik"。這種譯法，值得商榷。

"Weimar"（威瑪）是地名，係指召開國民議會的城市。"Weimar" 後面加上 er 兩個字母，即 "Weimarer"，是形容詞，意指國民議會在威瑪開會制定的憲法。"Die Weimarer Republik" 的意思是：這個「德意志國」根據在威瑪制定的憲法是一個共和國。簡言之：「威瑪共和」。因此，一九一九年公佈的憲法第一條說：「德意志國是一個共和國」(Das Deutsche Reich ist eine Republik)。這部憲法也稱之為「威瑪憲法」，意指一九一九年國民議會在威瑪制定的憲法，而非「威瑪共和國」的憲法。

威瑪憲法襲用一八七一年建國以來的國家名稱：「德意志國」，是表示繼承德意志「統一」的傳統，強調德國歷史沒有因為改制而中斷。為了區別這個共和「德意志國」與一八七一年的帝制「德意志國」不同，因此威

瑪憲法第三條規定國旗的顏色是：黑、紅、金。這是繼承一八四八年的革命傳統：自由、統一（參閱第三章：四、路德第二次內閣：國旗條例事件）。為了行文方便，通常學者使用簡語「威瑪共和」，意指根據威瑪憲法建立的這個「德意志共和國」，而非「威瑪共和國」。一九九七年，一位英國學者（Anthony James Nicholls）出版了一本新書，名稱是：*The Bonn Republic*，敘述自一九四五年至一九九〇年西德民主政治的發展。我們不能因此就說：這位英國學者寫了一本「波昂共和國」政治史。

一九二一年五月二十日，中德協約在北京簽字，兩國恢復邦交。「協約用漢、德、法三文合繕」。協約中，德國的官式稱呼是："Die Regierung des Deutschen Reichs"，中譯是：「大德意志共和國政府」。

根據上述，共和十四年的這個「德意志國」的中譯應該是：「德意志共和國」。

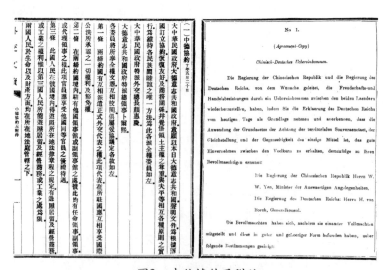

圖2　中德協約及附件
原刊：《外交文牘》中華民國十年七月外交部印。

德意志共和國史話（1918-1933）

目　次

第一章　臨時政權（1918–1920）

一、「十一月革命」

一九一八年，從三月到八月，德軍在西線一共發動四次攻勢，沒有成功。八月八日是德軍的「黑色星期五」；英軍在亞美因（Amien）出動坦克部隊，進行反攻。德軍招架無力，西線崩潰。從八月起，德軍進入邊打邊退的局面；後援不繼，兵無鬥志，勝利無望。西線最高統帥部考慮尋求結束戰爭之路。

・停戰協定

九月二十八日，參謀總長（Erster Generalquartiermeister❶）魯登道夫（Erich Ludendorff, 1865–1937）與最高統帥興登堡（Paul von Hindenburg, 1847–1934）取得協議後，擬在威爾遜總統的十四點原則（1918年1月8日）的基礎上，實現停戰協定。因此，魯登道夫邀請帝國首相何特林（Georg F. Graf von Hertling, 1843–1919；首相：1917年11月1日至1918年9月30日）

---

❶ 自十七世紀末期，是陸軍統帥的主要助手。在普魯士，自一八〇九年以來，是正在形成中的參謀總部的首長。只是名稱太過傳統，易生誤解。中文書籍多半根據字典譯為：「第一軍需總監」、「總後勤部長」等，與原義相去過遠。

圖3　第一次世界大戰期間，
德方最高統帥興登堡（左）
及參謀總長魯登道夫(191
7)。

及外交部次長（當時帝國政府沒有外交部長）辛慈（Paul von Hintze, 1864-
1941；次長：1918年7月至10月）前來設在比國小城史杷（Spa）的德軍最
高統帥部會談。

　　辛慈外次乘夜車於九月二十九日，星期天早晨抵達。首相何特林年事
已高，七十五歲，坐白天車，下午趕到。辛慈是魯登道夫在外交部的親信
（孫中山曾邀請辛慈來廣州擔任政治顧問，未果）。　在首相未到之前，就
向魯登道夫提出一個建議，影響大局。

　　辛慈認為，為了能使停戰協定實現，必須爭取威爾遜總統的同情。因
此，要有一個代議政治的政府。這樣可以使協約國，特別是美國認為前來
交涉停戰的，是一個新的德國政府，尋求和平，而且是以威爾遜的和平計
畫為基礎。為此，德國要修改憲法，變成一個君主立憲的德國。如此可使
美國及協約國相信，德國不是因為面臨軍事上的失敗，而是為了民主革新

而尋求和平。

魯登道夫欣然同意，但與辛慈的構想不同。魯登道夫要藉此機會交出燙手山芋，避免軍方自己豎起白旗，投降是政府的事了。當天，九月二十九日，在有德皇出席的情況下，最高統帥部決定：由國會的多數派成立一個代議政治的新政府，修改憲法。在改組政府的問題上，首相何特林沒有得到自己的中央黨的授權。第二天，老首相掛冠求去。

十月三日，德皇任命麥克斯（Max, Prinz von Baden, 1867–1929；首相：1918年10月3日至11月9日）接班。麥克斯，法學博士，官拜少將，是南部德國一個大公爵的繼承人。在政界並非知名之士，沒有從政經驗，亦無智囊團可供垂詢。根據帝國憲法，麥克斯是個光桿首相；政府沒有部長，各部只有次長；主持業務工作，沒有決策權力，因此又稱「次長內閣」。

就在麥克斯上任的當天，十月三日，軍方代表自從開戰以來第一次向帝國議會提出軍情報告：德軍已在崩潰邊緣，無力繼續作戰。軍方要求議會馬上進行停火交涉。議員震驚失色，全場啞然無聲。事態嚴重，麥克斯認為，要求停火就等於投降，而且是時機不對。因此再向軍方確認。最高統帥興登堡的答覆是：馬上停火，避免更大的災難。

次日，十月四日，德國政府向美國總統發出照會，提出停火請求。對威爾遜來說，第一次世界大戰是一場意識形態的戰爭：民主對非民主。因此，他堅決要求德國必須從內部進行民主改革；皇帝退位，變更國體——民主的共和國。但是，勝利的協約國，特別是法國的立場不同，主張「交涉」。

十一月八日，德方代表團由中央黨國會議員及不管部次長艾茨貝格（Matthias Erzberger, 1875–1921）❷率領，前往法國。法國元帥福煦

---

❷　在臺灣及大陸出版的有關德國史學著作中，多稱艾茨貝格是「外交部長」。

（Ferdinand Foch, 1851–1929）在巴黎附近的貢比涅，而且是在他專用火車的一節餐車中接見德方代表團（1940年6月22日，希特勒以牙還牙，就在這個地方，這節車廂命令法方代表簽署停戰協定）。雙方對話簡單明瞭：

圖4　一九一八年十一月八日，停戰協定「交涉」是在巴黎附近的貢比涅法國福煦將軍（前排右起第二位）之專用火車的一節餐車中進行的。十一月十一日在此簽署停戰協定。簽字儀式完成後，法、英、美三國代表在車前合影。一九四○年六月二十二日，希特勒下令把這節車廂從博物館運到貢比涅，命令法方代表在希特勒面前簽署停戰協定。

福煦發問：「這幾位先生來做什麼」？

德方表示要知道有關停戰協定的建議。

福煦說：「我沒有任何建議。」接著叫隨從武官宣讀一項停戰文件。

福煦補充說：「這是條件，不是建議。德國要在十一月十一日上午

當時德意志帝國還存在，帝國政府有外交部，但是沒有「外交部長」；主持業務的領導是「外交部次長」，沒有決策權力。這是俾斯麥的傑作。

　　十一時以前決定：接受還是拒絕，屈服還是重開戰火。」

　　停戰協定共有三十四條，主要內容是：德軍退回萊茵河，撤出法、比佔領區，法方佔領萊茵左岸，德方交出所有作戰物資及設備等。形勢比人強，十一月十一日凌晨五時簽字，當天上午十一時生效。艾茨貝格代表帝國政府——事實上，當時德意志帝國已經不存在了——簽署停戰協定，等於無條件投降。正因為如此，艾茨貝格是戰後德國的第一個「十一月罪人」。一九二一年被右派組織分子暗殺死亡。

・水兵譁變

　　直到一九一八年十月初，政府、國會、士兵和老百姓都被軍方蒙在鼓裡，不知道前線的真實情況。舉國上下對於德國已經戰敗的這一殘酷事實，沒有心理準備，一時無法接受。

　　十月二十四日，海軍總指揮施爾（Admiral Scheer）在沒有報告首相的情況下，擅自下令遠洋艦隊出海，要切斷英法之間的補給路線，並對泰晤士河口採取攻勢。十月三十日，兩艘戰艦（"Thüringen","Helgoland"）預定出航。但是，海軍士兵拒絕，認為這是一次絕望的軍事行動，何況停火交涉正在進行。有些德國史學家認為，這是軍方在內亂時期企圖保持權勢的措施。也有人強調：陸軍失敗，海軍領導不服氣，要表現一下。無論如何，海軍士兵違抗命令造反，這是事實。參加譁變的水兵及船塢工人共有千餘人。十一月三日，在北方基爾海港停泊的軍艦，初次掛起紅旗。次日，成立了「士兵代表委員會」，提出十四點要求：釋放政治犯、言論集會自由、軍方不能虐待士兵，以及要求皇帝退位等等。士兵的口號是：「回家去，與家人團聚！」

圖5　一九一八年十一月革命：在基爾海港停泊的戰艦懸掛紅旗，水兵譁變。

圖6　一九一八年十一月九日：在柏林市中心區，一位海軍士兵手舉紅旗，
　　　走在遊行隊伍前端。海港水兵譁變而演變為大城市的革命運動。

圖7　一九一八年十一月革命：革命的士兵及工人在柏林布蘭登堡門前示威。

圖8　一九一八年十一月革命：革命的海軍士兵隊伍遊行，通過柏林的布蘭登堡門。

圖9　一九一八年十一月革命：革命軍隊士兵以重機槍扼守柏林市區重要據點。

　　十一月四日以後，在各地海港，南北城市都有工人、士兵代表委員會組織的成立。十一月七日，動亂火焰蔓延到德國南部慕尼黑。次日，革命群眾推翻巴伐利亞的王朝，還有其他大小諸侯的統治。革命分子，不是士兵，成立了一個「工農兵代表委員會」。各地工人、士兵代表委員會的主要要求是：皇帝退位；皇帝代表戰爭，要和平，皇帝就要走人。

　　十一月十一日，停戰協定簽字，戰爭結束了。各地的「革命」運動，也因而失去「動力」。另外，在此決定性的時刻，德國共產黨還沒有自己的組織（1918年12月30日德共建黨），也沒有列寧式的領導人物。星星之火，未能燎原。

·十一月九日

　　士兵要求皇帝退位，帝國首相以及社會民主黨黨魁艾伯特（Friedrich

Ebert, 1871–1925）也要求皇帝退位。不過此時艾伯特還是希望能夠維持帝制，實現君主立憲。

十一月九日晨，社會民主黨國會黨團舉行會議。興奮人士決議：與工人及士兵代表交涉合作，並且提出要求：「把政權交給我們！」同時，十一月九日晨，柏林的工人、士兵代表委員會執行委員會宣佈總罷工：「我們不僅要求一個人退位，而且是要一個共和國。走出工廠，走出軍營！社會主義共和國萬歲！」

從皇帝一個人的退位演變而為一個國家體制的問題，事態嚴重，群眾運動已經發生了質的變化。因此，首相麥克斯向皇帝威廉第二勸退。十一月九日上午十一時左右，史杷最高統帥部來電：皇帝「有意」退位。這是只聽樓梯響，不見人下來。首相麥克斯等了半個多鐘頭，仍無正式退位聲明，即擅自發表皇帝退位消息，同時宣佈，在皇位問題解決之前，仍執行首相職務。

皇帝「退位」消息火速傳開。十二時三十五分，艾伯特率領兩位社會民主黨的要員謝德曼（Philipp Scheidemann, 1865–1939）及布勞恩（Otto Braun, 1872–1955），走訪首相麥克斯。艾伯特根據當天上午社會民主黨國會黨團決議，要求麥克斯交出政權，理由是為了維持社會秩序，避免內戰。麥克斯與在首相府的幕僚短暫協商之後，建議艾伯特接任首相。根據麥克斯的回憶錄，艾伯特猶豫一下說：「這是一個艱難的職位，但我可以接下來。」也有其他德國史學著作說：艾伯特要求麥克斯「辭職」，未提交出政權，但麥克斯建議由國會議員艾伯特接任首相。事出突然，艾伯特正在考慮是否合法，謝德曼在旁耳語慫恿：「就答應算了！」各家說法不同，但是大同小異；事實是，以艾伯特為首的社會民主黨要求帝國首相讓位，交出政權。艾伯特知道不合法，但還是接下來了。

圖10　「新任人民
首相艾伯特」（1919
年11月9日）。

　　根據帝國憲法，皇帝任免首相。此時，十一月九日，帝國還在，皇帝
還未正式聲明退位，國會也未解散。但是麥克斯私相授受，擅作主張，把
帝國首相這樣重要的權位交到一個政黨領袖的手裡。艾伯特接任「首相」，
沒有皇帝任命，沒有國會同意，也沒有民意基礎。更重要的是，艾伯特率
人闖入首相府，要求帝國首相交出政權，這是「政變」，用美化的說法也是
一次「革命性的行動」。關於這一段不太光彩的政治情節，德國史書，輕描
淡寫，一筆帶過。在兵荒馬亂的年月，沒人按理出牌，社會民主黨的領導
人也不例外。

　　十一月九日上午，在比國史杷的德軍最高統帥部，而且是在皇帝出席
的情況下，興登堡元帥叫一位將領報告軍情，結尾時說：陸軍即將在軍事
將領的指揮下，有秩序地退出戰線，而非根據皇帝的命令，因為軍隊已經
不再支持陛下。興登堡補充說，他對德皇的安全無能為力，最好去中立國
家避難。士兵要求皇帝退位，帝國首相以及社會民主黨人也要求皇帝退位。
現在軍事將領又跟著打落水狗。大勢已去，十一月九日夜，德皇前往荷蘭。
直到十一月二十八日，德皇威廉第二才正式簽署退位聲明。

第一章　臨時政權（1918–1920）

　　皇帝跑人，沒有交代，一走了之。帝國首相，沒有皇帝批准，沒有國會同意，私相授受權位，然後拂袖而去。各地大小諸侯、貴族領主也跟著悄悄地溜走了。長達二百一十七年的普魯士王朝，俾斯麥手創的德意志帝國就這樣糊裡糊塗地，無聲無息地消失了。在法國，人頭落地，會是另外一種結局。

　　十一月九日，當艾伯特在首相府會晤麥克斯，取得政權之後，謝德曼當時得到消息說：左翼的獨立社會民主黨（Unabhängige Sozialdemokratische Partei/USPD）主席李卜克內特（Karl Liebknecht, 1871– 1919）將在柏林王宮廣場前宣佈成立「社會主義共和國」。

　　社會民主黨人謝德曼不拒絕帝制，但堅決反共，反對實行蘇維埃體制。如果若有一個共和國，也不應該是一個以俄為師的「社會主義共和國」。謝德曼要先發制人。當天，十一月九日，下午二時，他從國會大廈的一個窗口對在廣場的群眾說：

> 「工人們、士兵們！德意志民族得到了全面勝利。那個落伍的君主王朝已經垮臺了，軍國主義也完蛋了，霍恩佐倫王室也退位了。共和國萬歲！
>
> 國會議員艾伯特已經被任命為首相，並得到授權組織一個新政府。所有社會主義的黨派都將參與這個政府。現在我們的任務是，不要讓這個德意志民族之光輝的、全面的勝利染上污點。因此，我拜託各位，防止發生擾亂安全的事情。我們應該為今天而驕傲。安寧、秩序和安全，這些是我們今天所需要的。各位要盡力維護這個由我們所建立的共和國，不要使它遭到任何危害。
>
> 新的德意志共和國萬歲！」

圖11　一九一八年十一月九日，社會民主黨人謝德曼在國會大廈的一個窗口對群眾宣佈：「新的德意志共和國萬歲！」這是德國史學著作中最常見的一張照片。但很少有人指出：這是根據當時情況，於一九二七年事後安排的一個「歷史鏡頭」。當時，事出突然，沒有攝影記者在場。

　　兩個鐘頭以後，十一月九日下午四時，李卜克內特對在柏林王宮集結的戰友宣佈：

　　「革命的日子來臨了。我們爭取到和平，和平就在這一時刻實現了。在這個王宮裡渡過了一百多年的霍恩佐倫王室已經一去不復返了。就在此一時刻，我們宣佈成立德國的自由社會主義共和國。工人與士兵的新的社會自由將從王宮的大門進來。我們要在掛有皇帝旗幟的地方高懸自由共和德國的國旗。我們必須集結一切力量，來建立一個工人和士兵的政府，一個無產階級的新的國家制度，一個屬於〔階級〕兄弟的和平幸福的制度，也是屬於全世界〔階級〕兄弟的自由制度。我們伸出雙手，向他們呼籲：共同完成世界革命！」

Liebknechts Kampfrede für die Weltrevolution.

圖12　一九一八年十二月六日，李卜克內特街頭講演：實現世界革命！李卜克
內特，法學博士，社會民主黨左派。反戰，一九一六年五月一日被捕入獄四年。
一九一八年提前釋放，與盧森堡共同領導極左的「斯巴達克同盟」，拒絕與社
會民主黨及獨立社會民主黨合作。一九一八年十一月九日宣佈成立「自由的社
會主義共和國」。一九一八年十二月三十日參與成立德國共產黨。柏林一月暴動
時，與盧森堡同時捕，在解送監獄途中被表願軍謀殺。

　　極左的社會民主黨人（當時還沒有德國共產黨）要走俄國人的路，完
成世界革命，要在德國建立蘇維埃政權，事屬當然，不必大驚小怪。但是
主張成立一個民主共和國，那就不同了。謝德曼宣佈成立德意志共和國，
沒有憲法根據，也沒有民意基礎和政黨決議；也是擅自作主，即興之作。
艾伯特指責謝德曼說：德國的前途是君主還是共和，要由具有憲法權力的
集會來決定。艾伯特言之成理，但他自己帶頭要求帝國首相交出政權，也
是違憲行為。半斤八兩，大家都不按理出牌。

　　一九一八年十一月九日，皇帝還未正式退位，帝國還在，德意志國已

經有了兩個「共和國」。

十一月九日夜，新任參謀總長葛羅納將軍（Wilhelm Groener, 1867–1939；魯登道夫於1918年10月26日引咎辭職）從比國史杷最高統帥部打電話給艾伯特說：興登堡元帥期待新政府能夠提供一切條件，保證鐵路運輸的通暢，俾使士兵安全返鄉。艾伯特覆電稱：他已接任首相職務，感謝軍方願意跟他所領導的政府合作，並請軍方聽候吩咐。

一九一八年十一月九日，在沒有皇帝，沒有議會的過渡時期，且在有兩個「共和國」，但是沒有合法政府的權力真空的時刻，這位經私相授受取得「首相」權位的艾伯特，能有槍桿子的「承認」，得到軍方的合作，也是艾伯特求之不得的事。

根據葛羅納的回憶錄，是他於十一月十日晚打電話給艾伯特，說：陸軍支持在艾伯特領導下的政府,但也期待新政府能夠對抗布爾什維克主義，對此軍方同意給予協助。關於艾伯特—葛羅納結盟反共一節，德國史學著作的敘述，不盡相同。不論細節如何，雙方建立反共同盟一點，不容置疑。

毛澤東說：「十月革命一聲砲響，給我們送來了馬克斯主義!」「走俄國人的路」。但是德國人的看法不同。

一九一八年初，德國社會民主黨人認為，俄國布爾什維克分子搞的革命，與社會主義和民主政治無關，是一種製造暴亂和無政府主義的行動。列寧的政策必然導致一九一八年春以來在俄國出現的血腥內亂。在德國阻止發生類似的命運，是多數派社會民主黨❸的主要任務。

社會民主黨與共產黨的對立，不是策略性的，而是原則性的。共產黨主張進行內戰，用武力手段改變政治、社會現狀。社會民主黨反對暴力革

❸ 多數派社會民主黨係指一九一七年至一九二二年與獨立社會民主黨分裂後的社會民主黨人。下文簡稱社會民主黨。

命和內戰。共產黨公開表明要打垮威瑪共和，建立蘇維埃政權。社會民主黨要維持共和政體，社會安寧。共產黨基本上保衛遭受壓迫的工人及失業工人的利益。社會民主黨則是整個工人階級，特別是擁有工作的工人的代言人，工會是其主要的附屬組織，維護工人權益。

　　自一九一八年起，以艾伯特為首的社會民主黨，在整個威瑪共和時期，堅決反對俄國式的「革命」，反對蘇維埃，反對共產黨人的顛覆活動，立場不變。這也是當時大多數德國人的共識。

・人民代表委員會

　　從一九一八年十一月九日起，戰後德國陷入國家權力的真空狀態，體制不明。但是行政機構並未解體，運作如常，這是具有德意志特色的情勢。帝國垮臺前後，在全國各地出現了士兵、工人代表委員會的權力組織。這是左翼社會民主黨人在俄國十月革命的影響下，接受蘇維埃這一政權形式，用來完成政治及社會改革。但是，從其成員及組織來看，還不是列寧意義的蘇維埃。在德國史學著作中，有些左派學者認為，自一九一八年十一月十日起，德國在形式上已經是一個蘇維埃共和國。或者說，從一九一八年十一月九日至一九一九年二月六日民選的國民議會為止，德國是由工人和士兵代表委員會這個革命政權統治。這種說法，值得商榷。

　　帝國解體後，當時，一九一八年十一月，有三個集團在政治上發揮舉足輕重的作用：㈠社會民主黨及其黨魁艾伯特，㈡以李卜克內特及盧森堡（Rosa Luxemburg, 1870–1919）為首的獨立社會民主黨左翼，㈢國防軍。

　　自十一月九日，政治影響較大和接近工人的社會民主黨「接收」政權之後，扮演了一個重要角色。黨魁艾伯特知名度很高，也是一個為士兵及工人所能接受的政治人物。這位代表多數派社會民主黨的艾伯特，雖然傾

圖13 一九〇七年八月，在斯圖加特市加開國際社會主義分子大會，呼籲全力阻止戰爭爆發。大會期間，羅莎‧盧森堡發表講演。

向君主立憲，但是主張民主，堅決反對暴力革命，要用民選的國民議會來解決建立國家新秩序的問題，堅持「一切權力屬於全體人民」的原則。激進的獨立社會民主黨人要「走俄國人的路」，喊出的口號是：「一切權力屬於蘇維埃」。這是戰後德國在權力真空的過渡時期的兩條路線鬥爭：實現蘇維埃共和國，搞階級專政，還是走西方路線，選擇民主議會體制？軍事將領逼走皇帝，但是依然忠於「帝國」。在國家體制問題上，艾伯特與軍事將領的看法不盡相同，但雙方反對布爾什維克主義的立場一致，而且態度堅決。槍桿裡出政權，在國家體制兩條路線的鬥爭上，軍方將領是中流砥柱。十一月九日，新任參謀總長葛羅納將軍與艾伯特取得合作協議之後，第二天他說：「在反對革命、反對布爾什維克主義的鬥爭方面，我們結為盟友。」

艾伯特當時是一個沒有憲法依據、沒有政府的空頭「首相」。僅依靠社會民主黨的支持還是無法貫徹他的政治構想。因此必須與激進的獨立社會

圖14　羅莎·盧森堡（1914年，柏林）。盧森堡於一八七〇年三月三日在波蘭出生，父親是猶太商人。十七歲就是社會主義分子，被迫逃往瑞士，在蘇黎士攻讀國民經濟及法律。二十七歲以優異成績取得博士學位。一八九八年，用假結婚來到德國，從事革命工作；一共入獄三次，共三年半。一九一八年十一月八日出獄。一九一九年一月十五日夜，一月暴動期間被捕。在解送監獄途中，被政府軍隊士兵謀殺，屍體丟入柏林運河，兇手被捕，被判無罪。盧森堡不是美女，個子小，走路還有點跛。但有才華，有魄

力，能言善辯。當時，盧森堡是黨內黨外又恨又怕的一位社會義女強人。社會民主黨人艾伯特及謝德曼恨之入骨，黨內同志也批評盧森堡的為人是好鬥成性，驕傲自大，領袖慾強。提起此女，列寧更是咬牙切齒。一九一八年，盧森堡公開批評列寧的暴力革命手段和在黨內的獨裁作風。盧森堡的一句常被人引用，也是被人誤解的名言是：「自由必須是容忍他人有不同意見的自由」。這是盧森堡批評列寧的重點，意思是指：在共產黨人之間，應容忍他人有不同意見的自由，不能強制要求「與中央取得一致」；但盧森堡無意容忍「階級敵人」可以有不同意見的自由。盧森堡的另一句名言是：「社會主義不能沒有民主，沒有民主就沒有社會主義」。這裏所說的「民主」，也不是「西方資產階級的民主」，是上一句名言的另一種說法。盧森堡所說的「自由」與「民主」，別有用意；不能斷章取義，以免誤解。

民主黨妥協合作，建立統一戰線，然後再找機會解決這個政敵。獨立社會民主黨人是一小撮極左的死硬派，勢單力薄，也無法獨力實現蘇維埃政權，因此同意先把政權交給工人、士兵代表委員會，再由全國代表大會作出有關國家體制的決議。

十一月九日在柏林選出的工人、士兵代表委員會，約三千餘人，於次日集會，選出「柏林工人及士兵代表委員會執行委員會」，由二十名成員組成：工人代表十名（社會民主黨及獨立社會民主黨各出五名）及士兵代表十人；其任務是監督政府的工作。同時決議：由兩個社會民主黨的代表組成「人民代表委員會理事會」。

十一月十日，「人民代表委員會理事會」（Rat der Volksbeauftragten）成立，有六名成員：

　　·社會民主黨：
　　　艾伯特
　　　謝德曼
　　　蘭斯伯（Otto Landsberg, 1869–1957）
　　·獨立社會民主黨：
　　　哈澤（Hugo Haase, 1863–1919；黨主席）
　　　狄特曼（Wilhelm Dittmann, 1874–1954）
　　　巴爾德（Emil Barth, 1879–1941）

「人民代表委員會理事會」是一個沒有民意基礎的、過渡時期的「革命政權」。艾伯特出任主席，這是權宜之計，妥協不會持久。

圖15　革命政府「人民代表委員會理事會」的六名成員：狄特曼、蘭斯伯、哈澤、艾伯特、巴爾德、謝德曼（由左至右）。

　　自一九一八年十二月十六日至二十日，在柏林召開了工人、士兵代表委員會全國代表大會。出席代表共有488人。其中社會民主黨人289名，獨立社會民主黨人90名，民主人士25名，極左小黨分子10名，身分不明者47人，士兵只有27人！

　　從出席大會代表的數字來看，艾伯特領導的社會民主黨人佔上風，控制了整個局面。十九日，大會以400票對50票通過決議：於一九一九年一月十九日選舉制憲的國民議會。這個決議也表示間接地拒絕了蘇維埃體制。主張「一切權力屬於蘇維埃」的極左分子不服氣，轉移陣地，走上街頭，並且不斷地對當道進行挑釁。

　　十二月二十三日，原來負有保衛「人民代表委員會理事會」任務的三千多名海軍士兵，因為扣發薪資問題，不但拒絕執行保衛任務，而且還軟禁「人民代表委員會理事會」代表，切斷通往首相府的交通。十二月二十四日，聖誕夜，艾伯特向軍方發出急電求救，反叛水兵被軍隊制服，雙方

圖16　一九一八年十二月十
六日，全國工人、士兵代表
大會開幕。李卜克內特在普
魯士邦議會的陽臺上（有×
記號的人），對群眾發表演
講。

圖17　一九一八年
十二月十六日，在
普魯士邦議會前，
群眾要求：「一切
權力歸工人、士兵
蘇維埃！」

圖18 一九一八年十二月：全副武裝的革命海軍士兵，乘車進入柏林，據守國會大廈。

圖19 一九一八年十二月：革命的「人民海軍」士兵，在柏林王宮前進行砲戰。

圖20　一九一八年十二月：革命的「人民海軍」士兵及支持革命的陸軍士兵，在柏林王宮前備戰。

談判，妥協解決：水兵獲得八萬馬克薪資，不受軍法裁判。此一水兵事件引起工人，特別是極左分子的不滿，不滿「人民代表委員會理事會」主席艾伯特竟然動員軍隊鎮壓革命鬥士。在獨立社會民主黨內的左翼組織「斯巴達克同盟」（Spartakusbund）決定劃清界限，於一九一八年十二月三十一日成立了「德國共產黨」，在李卜克內特和盧森堡的領導下，聯合獨立社會民主黨和其他革命組織發動抗議遊行，喊出口號：推翻艾伯特政權！

　　十二月二十四日的水兵事件證實：在鎮壓暴動方面，正式的武裝力量並不可靠。因為當時，一九一八年，調來柏林用為鎮壓革命運動的軍隊，不是鬧事要錢，就是自動回家去了，不想打內戰。為了解決這個問題，社會民主黨人諾斯克（Gustav Noske, 1858-1946）扮演了一個重要角色。

　　自一九一八年十二月二十九日，即水兵事件之後，諾斯克在「人民代表委員會」負責領導陸海軍業務，也就是變相的「國防部長」，可以指揮

非正式的武裝力量。當時在非正式武裝力量中，有一個組織是「志願軍」（Freikorps）， 戰後由復員軍官組成，成員多半是國防軍淘汰下來的士兵以及來自中下階層的失業青年。志願軍是政府出錢的「傭兵」，政治上右傾保守；在政府授命下鎮壓暴動，並不表示支持民主的共和政體。志願軍打擊左派及共產分子也不是為了保衛共和政體，而是防止「祖國」赤化。

自一九一九年一月五日至十二日，柏林發生巷戰。諾斯克指揮堅決反共的志願軍，血腥鎮壓斯巴達克同盟的鬧事分子。一月十五日，李卜克內特及盧森堡被志願軍逮捕，在押解途中被謀殺了。柏林的一月動亂平定之後，接著在南部德國又發生了更為嚴重的「革命」行動。在慕尼黑出現了一個「蘇維埃共和國」。

圖21　一九一九年一月：武裝的斯巴達克同盟分子，在柏林市中心示威遊行。

圖22　一九一九年一月五日：斯巴達克同盟分子使用重機槍，在柏林進行巷戰。

圖23　一九一九年一月：斯巴達克同盟分子，在柏林報社中心區，用報紙為街壘，進行抵抗。

圖24　一九一九年一月：斯巴達克同盟分子，在擊毀的「前進報」
　　　社前，進行抵抗。

圖25　一九一九年一月：斯巴達克同盟分子，在柏林市中心亞歷山
　　　大廣場，進行抵抗。

圖26　一九一九年一月：國防部長諾斯克（圖中）視察鎮壓斯巴達克同盟分子
暴動的政府軍隊。

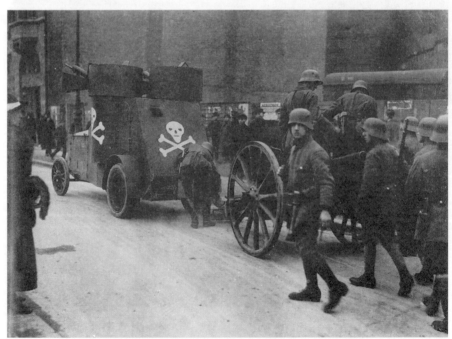

圖27　一九一九年一月：志願軍準備反攻，鎮壓共產黨人暴動。

一九一八年十月北方水兵譁變。十一月四日以後，在南北各地都有士
兵、工人代表委員會的成立。十一月七日，動亂火焰蔓延到慕尼黑。次日，
推翻巴伐利亞的王朝以及大小諸侯的統治。獨立社會民主黨人艾思納(Kurt
Eisner, 1867–1919) 出任巴伐利亞邦政府總理。艾思納是獨立社會民主黨
在慕尼黑的黨主席，記者出身，猶太人。一九一九年二月二十一日被一名
民族主義分子暗殺，引起共產黨人、左翼分子及無政府主義分子的不滿。
為了保障「革命成果」，他們於一九一九年四月七日在慕尼黑宣佈成立「蘇
維埃共和國」。

圖28　一九一九年二月：獨立社會民主黨人艾思納（圖中戴帽子、眼鏡，留長
鬍子），猶太人，由夫人及次長歐萊特、保衛人員（右後軍官）陪同前往巴伐利
亞邦議會。數日後，二月二十一日，就在這附近被民族主義分子暗殺。

圖29　一九一九年四月，在慕尼
黑出現了「蘇維埃共和國」。激進
的共產分子佔領慕尼黑火車站。

圖30　一九一九年四月，士兵代表委員會，佔領巴伐利亞邦議會。

慕尼黑的德共，自本年三月起由一位來自莫斯科的共產黨人雷維諾
（Eugen Leviné, 1883–1919）領導。在慕尼黑宣佈成立「蘇維埃共和國」，
這是在沒有德共中央及莫斯科指示下進行的單幹。德共中央表示反對，但
列寧則於四月二十七日發電報給慕尼黑的共產黨人：衷心祝賀慕尼黑蘇維
埃共和國的成立。

五月一日，又是諾斯克指揮志願軍開進慕尼黑，鎮壓「革命」。次日，
短命的「蘇維埃共和國」垮臺。「紅衛兵」殺死四十多名人質，被志願軍「在
逃跑中射殺而死的」人就有四百五十多人。

慕尼黑「蘇維埃共和國」的「革命」時期不長，卻引起人們對布爾什
維克主義的深刻認識，更加仇恨共產黨人。由於當時獨立社會民主黨的極
左分子及共產黨的一些領導人（如盧森堡、艾思納、雷維諾）都是猶太人，
因此反猶太主義與反布爾什維克主義又是同義語了。

圖31　一九一九年五月二日，志願軍隊伍開入慕尼黑，鎮壓暴動。

圖32　一九一九年五月，政府軍押送被捕之共產黨人，通過慕尼黑市區。

·「十一月革命」?

從一九一八年十月水兵譁變而發展的「十一月革命」，是威瑪共和初期的一段重要歷史。在德國史學著作中評價不一。大陸的德國歷史學者則異口同聲，宣揚歌頌，不遺餘力。

大陸學者對於德國的「十一月革命」著墨頗多，一致認為：一九一八／一九一九年德國「爆發大規模的人民革命運動」，其「主要任務，乃是推翻資產階級——容克的君主專制政治，建立社會主義共和國」(丁建弘：《德國通史簡編》)。「十一月革命」失敗，「使容克——資產階級的聯合專政變成了資產階級——容克的聯合專政」，「是一次資產階級民主革命」(黃正柏：《德國現代史1918－1945》)。

一九一八年十月的水兵譁變，不是從開始就是一個有計畫的革命行動，其目的只是反戰；要求皇帝退位，也不是拒絕帝制，只是因為皇帝象徵戰爭，不退位，就無法取得和平。水兵譁變是一個非政治性的偶發事件，不是革命，也未導致一次具有政治、經濟、社會變革的「革命」，更談不上「是一次資產階級民主革命」。十一月動亂，只是製造了一種情勢，在這種情勢下，可以進行革命性的變革，但是「革命」並沒有發生。

關於「十一月革命」失敗，德國史學家的看法不同。值得一提的是，柏林洪堡大學史學教授溫戈勒在他一九九三年發表的權威著作《威瑪1918-1933》中提出的論點。溫戈勒認為，一八四八年革命失敗，是因為同時要實現兩大歷史任務：統一與自由。統一問題由俾斯麥解決了，但是自由憲法未能實現。這又是促使一九一八／一九一九年發生革命的原因之一。溫戈勒指出：「十一月革命」失敗的原因有二：㈠自一八六七年北德聯盟和一八七一年德意志帝國時起，德國男人享有普遍、平等、直接選舉權，已經是一個準民主國家。㈡一九一八／一九一九年時，德國已經是一個高度發展的工業國家，是一個工業社會。革命主要發生在農業社會，如俄國、中國。

一八四八年革命未能成功。當時的德國還是農業社會，這又如何解釋？溫戈勒又有另外的說法。

一九九八年，為了紀念「一八四八年革命」一百五十週年，溫戈勒教授在《柏林晨報》（1998年3月14／15日）發表一篇專文：〈自由與統一的夢想〉。他說，這次革命是毫無疑問地失敗了。失敗的原因是：當時英、美已經是民族國家，但是「德國」的疆界問題，也就是大德意志還是小德意志的問題，還未能解決。此外，菲特烈大帝實行「開明專制」，德國人習慣接受來自上面的「進步」，因此在政治方面，德國人比西方民主國家晚熟。

德國人習慣接受來自上面的「進步」的另一說法是，德國人習慣於接受來自上面的「權威」。列寧取笑德國人說：德國人不是一個搞革命的民族。他們在佔領火車站之前，先購買可以進站的月臺票；先決條件是，售票窗口有人服務！

二、謝德曼內閣（1919年2月13日—6月20日）

一九一九年一月十九日進行選舉國民議會。會議代表選出後，為了迴避左派群眾運動的壓力，艾伯特放棄首都柏林，選擇了小城威瑪為國民議會召開的地點。威瑪不僅有適當的開會場所，主要是有可靠的地方志願軍，用來保證議會代表的安全，集會順利進行。選舉前，艾伯特在一月十四日的內閣會議上表示：在對外方面，把新德意志國的建設與威瑪精神聯繫起來，這樣會發生良好的印象。因此，艾伯特在開幕詞中強調，用偉大哲人和詩人的精神來充實生命。這是艾伯特對外，特別是對美國威爾遜總統所說的政治語言，不是因為威瑪「是古典人文主義者歌德和席勒的故鄉，又遠離曾是普魯士霸權象徵、現在是革命中心的柏林」（吳友法：《冒險、失敗與崛起——二十世紀德意志史》）。更不能把艾伯特的開幕詞引申解釋說：「背後多少存著德意志文化復興的願望」（郭少棠：《德國現代化新論——權力與自由》）。起碼鞍具匠徒工出身的艾伯特沒有這個意思。

·國民議會

一九一九年一月十九日舉行國民議會選舉，主要政黨得票如下：

	得票（百萬）	比率	席位
選民總數（百萬）	36.766		
投票總數（百萬）	36.766		
投票比率（%）	83.0%		
總席位		421(選後追加兩席)	

	得票（百萬）	比率	席位
社會民主黨（SPD）❹	11.509	37.9%	163 (165)
中央黨（Zentrum）	5.980	19.7%	91
德意志民主黨（DDP）	5.641	18.5%	75
德意志人民黨（DVP）	1.345	4.4%	19
德意志民族人民黨（DNVP）	3.121	10.3%	44
獨立社會民主黨（USPD）	2.317	7.6%	22

　　國民議會不是「國會」，其主要任務是制定憲法，決定國家體制。但在當時，它是唯一具有民意基礎的「國民議會」，因此，它首先要解決迫在目前的問題：建立臨時中央政權和通過決議接受凡爾賽和約，然後才是制定憲法。

　　一九一九年二月六日，國民議會在威瑪順利召開。首先制定組織過渡時期政府的臨時憲法。二月十一日，國民議會選舉艾伯特為「臨時大總統」。艾伯特從私相授受的「帝國首相」，到革命的「人民代表委員會理事會」主席，終於當上具有民意基礎的大總統，一路辛苦，得來不易。當天，艾伯特授命謝德曼組閣。

　　選舉制憲的國民議會是一件大事，投票率很高（83.0%），出人意料之外，社會民主黨得票過低。但在423個席位中仍擁有165席，三分之一強，

---

❹　參閱第一章：四、穆勒第一次內閣：威瑪政黨。

是國民議會中的最大政黨，居於領導地位，出面組閣。因為沒有超過半數，社會民主黨還要與中間的所謂資產階級政黨中央黨和德意志民主黨合作組閣，這就是有名的「威瑪聯合」政府。二月十三日，由社會民主黨人謝德曼出任「總理」。在憲法生效之前的過渡時期，內閣首長稱為「總理」，而非「首相」，因為總理無權決定內閣政策，只是內閣會議的主席。一九一九年七月三十一日，國民議會通過憲法，八月十四日起改稱「首相」。臺灣及大陸出版的德國史書一般都稱為「總理」，未予區別。

・新瓶舊酒

謝德曼原是印刷工人出身，曾任社會民主黨黨報的政治記者。自一九〇三年起，是帝國議會社會民主黨黨團的成員。一九一三年起，任該黨國會黨團主席。一九一八年，謝德曼是麥克斯領導的最後一個帝國內閣的政務次長，也是「人民代表委員會理事會」的六名成員之一，艾伯特的老搭檔。

在謝德曼領導下的共和時期臨時政權的第一個內閣，是新瓶裝舊酒。有七位閣員曾在麥克斯內閣擔任次長等職務，有六位閣員在「人民代表委員會理事會」參加革命政府的工作，只有兩位算是新人（財務部長及殖民地部長）。

謝德曼能言善辯，鬥志很強。但他身為「總理」，在領導政府工作方面，不採取主動，未發揮魄力。他認為，身為「總理」的主要任務是，主持內閣會議，協調各方不同意見。在謝德曼內閣中，有三名閣員無論在內政還是外交方面都扮演了舉足輕重的角色：

圖33 一九一九年二月十三日，謝德曼「總理」在威瑪召開第一次內閣會議。

㈠諾斯克：國防部長，社會民主黨人，是該黨最受物議的一位人物。一九○六年進入帝國議會，是社會民主黨在國會中關於軍事及殖民地問題的專家。一九一八年十一月五日，社會民主黨派諾斯克前往基爾海港調解水兵譁變，嶄露頭角，接著在「人民代表委員會理事會」負責陸海軍方面的業務，等於「國防部長」。在諾斯克的領導下，而且是在最短的時間內，組成了一個具有打擊力量的武裝隊伍：志願軍。諾斯克在新閣中擔任國防部長，順理成章，是一個重要角色。

㈡艾茨貝格：不管部部長，屬於中央黨，猶太人。早年從事工會活動。一九○三年任帝國議會議員。在麥克斯內閣中擔任次長，一九一八年十一月以不管部部長身份代表德國談判停戰協定。在謝德曼內閣中，是主張接受凡爾賽和約的主要人物。

㈢布魯克道夫（Ulrich Graf von Brockdorff-Rantzau, 1869-1928）：外交部長，不是德意志民主黨人，但在組閣交涉時把他視為該黨的同路人。

自一九一二年五月起，任德國駐丹麥公使，在德國與列寧秘密合作方面，是一個主要的幕後人物。一九一九年一月初，任外交部次長，在謝德曼內閣中出掌外交部，負責交涉凡爾賽和約。在和約問題方面，布魯克道夫與不管部部長艾茨貝格是死對頭。在內閣會議中，主要是看他們倆人的對臺戲。

謝德曼內閣的主要危機，是來自布魯克道夫與艾茨貝格倆人在業務上的衝突，當然氣味不投，多少也有關係（倆人已經到了不打招呼的地步）。艾茨貝格曾「交涉」停戰協定，負責履行協定中所規定的諸多義務。「談判」和約則是外交部長的職責。倆人互相指責對方無能，背後搞小動作，諸如攔截或扣壓情報等情事，不一而足。

在停戰協定簽字後，如何應付締結和約問題，最後接受還是拒絕凡爾賽和約，內閣閣員意見不同，分成兩派。各黨閣員不斷以退出政府為威脅，內閣隨時都有垮臺的危險。「威瑪聯合」政府在（國民）議會擁有多數，政情應該穩定。但是謝德曼內閣從開始到垮臺，始終是內外交困，危機重重。

一月暴動鎮壓下去以後，新閣所面臨的是罷工問題，特別是魯爾地區的罷工行動已有轉變為內戰的趨勢。政府全力應付，主要是為了解決及保證糧食供應及運輸問題，否則人民反飢餓，勢將造反。但對謝德曼內閣來說，最重要的，也是最頭痛的還是和約問題。

內閣決議：「談判」和約以威爾遜總統的十四點原則為基礎，協約國超出此一原則的任何要求，德國代表要事先取得內閣的同意；代表團無權接受或拒絕協約國提出的和約。德國政府不知己，也不知彼；沒有認清自己的處境，夢想「談判」。四月十八日，協約國把邀請德方代表團前來凡爾賽接納和約的函件交給德方停戰委員會。「接納」，不是「談判」，德方抗議

無效，最後於四月二十九日還是派了一個六人代表團，由外長布魯克道夫率領，前往法國。

圖34　一九一九年四月二十九日，參加巴黎和會的德國代表團，由外長布魯克道夫（右起第三人）率領。

・巴黎和會

　　一九一九年一月十八日，德國選舉國民議會的前一天，巴黎和會在凡爾賽宮開幕。巴黎和會開會的日子和地點，也是精心安排，具有歷史意義。

　　四十八年前，一八七一年一月十八日，普魯士王威廉第一在法國凡爾賽宮的明鏡廳登基為「德意志皇帝」。在被擊敗的敵國的王宮德皇登基，並宣佈「德意志帝國」的成立，也未免欺人過甚。虧得德國人想得到，也做得出來。從巴黎和會開會的日子和地點，可以看出法國人「痛飲匈奴血」的決心。

　　巴黎和會有二十七個勝利國的七十餘名代表參加。實際上是法、英、美「三巨頭」操縱會議。在這三巨頭中，法國總理克里孟梭（Georges Clemenceau, 1841–1929）是大會主席，也是和會的「節目主持人」。克里孟梭在一九一七年接任總理時已經七十五歲了。他率領法國人民渡過對德作戰的難苦歲月，終於取得最後勝利。因此這位綽號「法國之虎」的總理，在一九一九年又被稱為「勝利之父」。克里孟梭要徹底利用此一勝利機會，把德國鬥倒鬥臭，永世不得翻身。英國首相喬治（David Lloyd George, 1863–1945；首相：1916–1922）在一九一八年底選舉時曾喊出「吊死德皇」的口號，解除德國的強權地位，但是倫敦的外交政策是維持歐洲和平。因此認為未來的歐洲需要一個在經濟上能夠自力更生，健全發展的德國，不願看到法國獨霸歐洲大陸。大戰時，特別是戰爭後期，協約國需要大量美援，進行對德作戰，美國是老大哥。現在戰爭結束，法、英不再仰人鼻息，美國人也就不再受重視。教授出身的美國總統威爾遜，不大了解歐洲事務，他最關心的是，戰後如何實現他的「國際聯盟」的構想，"to make world safe for democracy"。在巴黎和會上，美國是敬陪末座；在國內外輿論的壓力下，對德國也沒有善意的回應。

圖35　巴黎和會的三巨頭：法國總理克里孟梭（左）、美國總統威爾遜(中)及英國首相喬治（右）。

　　德國代表團不是「出席」和會，而是被「傳喚」前來，因此不准參加
會議，更談不上參與討論或進行交涉。德方如果有何意見，只能用書面表
示；戰勝國代表拒絕與德國代表直接進行對話。和會開了將近四個月之後，
一九一九年五月七日，德國代表團從大會主席克里孟梭手中接過一本厚厚
的書，包括四百四十五項條款：凡爾賽和約。

　　和約的出發點是：解除德國的強權地位，藉以消除日後潛在的戰爭危
險。其主要措施是：在領土方面，德國失去七分之一的土地，十分之一的
人口，以及失去百分之五十的產鐵量、百分之二十五的產煤量和百分之十

圖36　凡爾賽和約簽字後的德意志共和國

七的糧食生產。在限武措施方面，常備軍不得超過十萬人，不准擁有重武器及現代化武裝。至於物資及現金賠償問題，和約提出時，各方意見不一，沒有定案，日後解決。但以法國為主的協約國的共識是，提高賠償要求，使德國的經濟徹底破產。

和約的核心思想是：德國的戰爭責任（戰爭責任條款 227-231；德國人稱之為「恥辱條款」）。因此，和約不把德國視為在戰爭中被擊敗的敵人，要求割地賠款，而是一個戰爭罪犯；和約無異是對一個罪犯應得懲罰的判決書。和約第二三一條說：

> 「協約國及其加盟國家政府聲明，並經德國政府承認：德國及其盟國是〔戰爭〕發動者，應對協約國及其加盟國家政府以及其所屬公民由於此次德國及其盟國發動攻擊所遭受的一切損失及傷害負責。」

從上述第二三一條款的內容來看，還不能解釋說，德國要對第一次大戰爆發「單獨負責」。這裡明指「德國及其盟國」，是多數而非單數。但是出席和會的德國代表團認為此一條款的實質意義就是說，德國要單獨對戰爭負責。因此德方首席代表布魯克道夫外長書面表示無法接受此一戰爭條款，並提出諸多修正建議。

六月十六日，克里孟梭代表戰勝國政府書面拒絕德方提出的所有修約建議。對於「戰爭責任」條款更明確指出：

> 「戰爭責任不止於有意及策發戰爭。德國同樣要為那種用野蠻和不人道的方式所進行的戰爭負責。……在整個戰爭過程中——戰爭爆

發前也是如此，德國人民及其代表都贊成戰爭。德國人民服從其政府的一切命令，不論這些命令是如何殘暴。德國人民也要對其政府的政策負責。」

和約第二三一條說：「德國及其盟國」，克里孟梭則強調「德國及其人民」，和約的戰爭條款又有了新的內容。此外，戰勝國又根據第二二七條要求德國交出德皇及其德國戰犯，由協約國法庭審判。這一點德國人更是無法接受。

克里孟梭在照會結尾指出：德國要在五天之內，即六月二十一日以前接受和約，否則協約國要採取強制德國接受和約的必要措施。當時協約國已經有了進軍柏林和威瑪的計畫。由法國帶頭的協約國軍隊開進德國，其結果將是德國的解體。

當五月七日德方獲悉和約內容時，內閣驚惶失措，沒想到德國要簽署的竟是這樣一個屈辱的「不平等條約」。財務部長蘭斯伯說：「這個和約是對德國人民的慢性謀殺。」直到五月底，內閣認真考慮拒絕和約，且不惜重啟戰端。五月二十一日，軍方正式表態，反對開戰。到了六月十九日，情況逐漸明朗，頭腦也慢慢冷靜下來。「威瑪聯合」的社會民主黨及中央黨主張接受和約，德意志民主黨反對簽字投降。當夜九時三十分，內閣召開會議，閣員意見不一，未能取得共識。謝德曼「總理」堅持拒絕和約，屬於少數派。午夜會議結束後，即走訪總統，提出辭職請求。執政一百三十天。

· 和約意義

對德國來說，凡爾賽和約的歷史意義是，德國雖然失去了強國地位，但是沒有解體，得以維持國家的完整。這與第二次世界大戰後東、西德分

圖37　一九一九年：糧食供應不足，政府軍隊保護肉店，以免暴徒搶劫。

圖38　一九二〇年：在垃圾堆中尋找食物。

裂的後果不同。和約簽字後，德國的出口貿易一落千丈，工業生產停頓，
經濟發展缺少資本，失業人口不斷增加，貨幣日漸貶值，糧食供應不足，
飢餓是一個普遍現象。所有這些都是割地賠償的直接後果。德國人民普遍
不滿，由不滿進而譴責，再由譴責演變而為仇恨，仇恨這個給德國人民帶
來屈辱和苦難的和約。德國政府接受並履行和約所強制規定的諸多義務，
人們也跟著仇恨這個無能和「出賣國家利益」的「共和」政府。廢除不平
等條約與反對共和民主連在一起，這是和約影響深遠的負面意義。德意志
共和國就是在這種情況下誕生的，又一步一步地走上解體之路。

　　關於戰爭責任問題，應該指出的是，德國要對策發和進行戰爭單獨負

圖39　「打到武力和平！」柏林群眾示威遊行，反對不平等的凡爾賽和約。

責的論點，是勝者王侯敗者賊的一面之詞，不符史實。但是德國政府、軍
事將領，還有歷史學者竭力證明德國完全清白的做法，不僅助長了不健全
的民族主義情緒的高漲，帶來不良後果，也同樣犯了不符史實的錯誤。德
國上下，不分左右，不僅否認發動戰爭的責任，也絕口不談德軍在戰爭期
間所犯的嚴重罪行。譬如一九一四年德軍入侵中立的比利時的時候，炸毀
魯汶國家圖書館（文化遺產），一九一五年砲轟法國雷姆斯大主教堂（也是
文化遺產）。當時法國人說，這個有文化的德國民族要比匈奴人還要野蠻，
沒有文化。

最使法國人切齒難忘的是，德軍自一九一七年逐步從法國北部戰場撤
退時所進行有計畫的「破壞工作」。這是凡爾賽和約戰爭條款的主要背景，
也是要求德國交出「戰犯」（德皇、興登堡、魯登道夫等）由協約國審判的
原因之一。

一九一六年七月至十一月，在法國北部發生了索姆戰役，英、法聯軍
未能取勝，傷亡人數高達六十五萬人。德軍損失五十萬人，但能保住戰線。
協約國軍隊決定於一九一七年春季再度發動攻勢。從索姆戰役的體驗中，
興登堡與魯登道夫知道勝利無望，決定逐步撤出法國戰場，但同時要進行
「破壞工作」，藉以阻止英、法聯軍的進擊。在撤退的第一個階段地區，即
在方圓五十公里的範圍內，所有村莊的房舍，公路，鐵路，橋樑，電線等
全部炸毀，井水下毒，樹林（包括某園）砍光，可以使用的物資全部運走。
共有三十多個村莊夷為平地，十萬多法國人流離失所。這是德國式的「三
光政策」，德軍當時稱之為「戰略性的破壞工作」。法國人認為，水井下毒，
十萬多居民無家可歸，是不可原諒的戰爭罪行。一九一七年四月，法國總
統斐恩喀（Raymond Poincaré, 1860-1934）視察索姆撤退地區時，對哭泣
的法國人保證：德國要付出適當的賠償和得到應有的懲罰。

　　關於德軍於一九一七年至一九一八年在撤出法國戰場所進行的「破壞
工作」，德國史學著作不是避而不談，就是一筆帶過了事。克里孟梭說：「德
國同樣要為那種用野蠻和不人道的方式所進行的戰爭負責」，不是欲加之
罪，無的放矢。

·威瑪憲法

　　國民議會的主要任務是制定憲法。威瑪憲法是以英、美憲法為楷模，
繼承一八四八年自由、民主的革命思想，並以德意志地方自治的傳統出發，
制定了德國人民的基本權利和義務；是一部進步的憲法。德國婦女也第一
次享有投票權及參政權。

圖40　一九一九年一月十九日，選舉國民議會。德國婦女首次享有選舉權及參
政權。投票所前，婦女踴躍投票。

　　威瑪憲法第一條規定：德意志國是一個共和國，國家權力來自人民。從此一前提出發，國家的最高權力機構是國會。總統由公民直選，有權任免首相，但要國會多數通過。在兩者對立的情形下，總統有權解散國會。但國會在有三分之二議員的同意之下，亦可訴諸選民，罷免總統。總統除了有權統帥三軍之外，還有一張重要王牌，即憲法第四十八條。這是威瑪憲法的特點，也是影響德意志共和國命運的一個條款，全文如下（第二段）：

　　「當德意志共和國的公共安全及秩序遭到重大妨害或威脅時，共和國總統為了恢復公共安全及秩序可以採取必要措施，一旦需要時亦可動員武裝力量。為了達到此一目的，總統可暫時地使在憲法第一一四條〔人身自由及不得侵犯權〕、第一一七條〔信件、郵政、電話隱密權〕、第一一八條〔言論自由〕、第一二三條〔集會自由〕、第一二四條〔結社自由〕及第一五三條〔財產不得侵犯權〕所規定的基本權利全部或部分失效。……根據此段文字所採取的措施，總統應馬上知照國會。在國會的要求下，這些措施即失去效用。」

　　在這種情形下，總統可根據憲法第二十五條解散國會，另行改選。在宣佈解散國會到進行選舉的過渡時期（不得超過六十天），政府可根據憲法第四十八條公佈緊急法令執政。

　　憲法第四十八條的制定，與當時的政局有密切關聯。德國戰敗簽署停戰協定前後，首先是水兵譁變，引發「十一月革命」；全國各地成立了士兵、工人代表委員會。在左翼革命分子的操縱下，要走俄國人的路，完成世界革命，實現無產階級專政，在德國建立蘇維埃共和國。當時的政黨領袖（艾伯特、謝德曼等）、軍事將領，還有制憲學者，都深深相信，布爾什維克

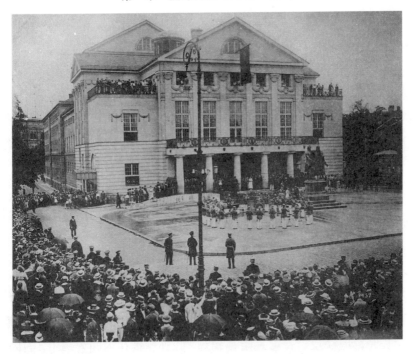

圖41　一九一九年二月十一日，艾伯特宣誓就任總統，慶祝儀式在威
　　瑪的國家劇院廣場舉行。圖右銅像是哥德與席勒。

主義是對德國生存的最大威脅，不能坐視。治亂世要有強人，憲法第四十
八條就是把共和國總統塑造成一個強人，在國家的公共安全及秩序遭到危
害或威脅時，可以使國會停擺，採取緊急法令或動員武裝力量的措施。憲
法第四十八條是為了應付動亂時期的備用條款，在共和時期曾經發生正面
作用。

　　威瑪憲法放棄帝國時代實行的多數選舉制。基於人人參政的前提，採
用了比例代表制，即按各黨所得選票的比例分配席位。制憲學者認為，這
樣可以充分反映國內的政治實況，代表人民意見。比例代表制的後果是，
小黨林立，分散選票。國會沒有多數，內閣更迭頻繁。有人認為這是納粹
黨成長、強大的原因之一。這種說法不為一般學者接受。

　　一九一九年七月三十一日，國民議會以262票對75票通過威瑪憲法，

總統於八月十一日簽署生效。國民議會完成制憲工作應即解散，選舉第一屆國會。但當時各黨領袖及政府同意，國民議會在選舉國會的適當時期到來之前，「繼續處理業務」。理由是，避免議會政治的敵人利用簽署和約的不滿情緒危害政局。

三、鮑爾內閣（1919年6月21日 ─ 1920年3月26日）

六月二十日午夜，謝德曼辭職後，討論繼任人選時，沒有考慮到社會民主黨的鮑爾（Gustav Bauer, 1870-1944），因為鮑爾在謝德曼內閣擔任勞工部長時，堅決反對簽署凡爾賽和約。此外鮑爾在內閣會議中，對內政、外交問題很少發表意見，不是一位有魄力的權威人物。鮑爾是一匹黑馬，社會民主黨要他出任凡爾賽和約「簽字內閣」的過渡首相，因為沒人願意當歷史罪人。

鮑爾內閣仍是在「威瑪聯合」的基礎上組成的新閣。內閣有七位是社會民主黨人，四位中央黨人以及三位德意志民主黨人。在十四名閣員中，有七位出身工會幹部，九名閣員曾在謝德曼內閣、人民代表委員會理事會或帝國時代麥克斯內閣任職，只有五位算是新人。

一九一九年六月二十一日，總統艾伯特任命四十九歲的鮑爾為「總理」。威瑪憲法於八月十四日生效後，改稱「首相」，是德意志共和國的第一位首相，也是鮑爾政治生涯的頂點。

鮑爾是東普魯士人，小學教育，從事工會活動。一九一二年進入帝國議會，任社會民主黨議員。「十一月革命」時，在人民代表委員會理事會負責復員方面的社會工作。鮑爾是一位奉公守法的行政官僚。內閣政策通常

是經由會議討論，多數決定。

　　鮑爾出任總理兩天後，六月二十三日，在要求刪除戰爭責任和交出戰犯條款的「保留條件」下，國民議會以237票對138票決議：授權政府簽署凡爾賽和約。就在當天晚上，協約國發出最後通牒：無條件接受和約。德國政府只有投降，並派出代表團前往法國。德國代表團共有六人，但參加簽署儀式的代表只有兩位：首席代表穆勒（Hermann Müller, 1876- 1931），外交部長，也是社會民主黨領袖及貝爾（Johannes Bell, 1868-1949），交通部長，中央黨人。

　　一九一九年六月二十八日，這兩位代表在凡爾賽車站下車之後，就被法國警察用裝有不透明玻璃的轎車送往凡爾賽宮，理由是以免被群眾攻擊發生意外，也是保證德國代表順利完成簽字程序。簽字儀式在明鏡廳舉行。在德國代表簽字前，和會主席克里孟梭向五名出席觀禮的、面部受到重傷（沒有嘴或失去雙目）的法國戰士握手寒暄。這位法國的「勝利之父」滿面淚痕，與會代表鴉雀無聲。德國代表的感受如何，不得而知。德國人在六月二十八日簽下這個城下之盟，也有一個歷史背景。一九一四年六月二十八日，奧匈帝國王儲斐迪南大公在塞拉耶佛遇刺身死，引發第一次世界大戰。

• 「背後一刀說」

　　根據凡爾賽和約，德國要履行賠償義務。由於當時對賠償是應該採取狹義的，還是廣義的解釋，意見不一，當和約交給德方代表時，還未能確定賠償細節及賠款數字。所以對德國人來說，當時賠款還不是一個熱門話題。德國全國上下憤怒的焦點，集中在戰爭責任及交出戰犯兩個問題。

　　根據德國的外交文件，德國是一九一四年七月危機的主角。帝國政府

的態度促使奧匈帝國對塞爾維亞進行戰爭，接著又主動對俄、法兩國宣戰。
德國應對第一次世界大戰的「爆發」—— 不是「策發」—— 負主要責任；
不能一棒子打死人，要德國單獨負責。但是當時，一九一九年，德國人討
論的主題，不是戰爭責任問題，而是德國人怎麼會在軍事上遭受失敗的原
因。事實上，德方將領知道勝利無望，決定進行戰略撤退時，德軍還在敵
國腹地，並未潰不成軍。為了保持不敗的榮譽，避免投降的恥辱，還是及
時停戰，和為上策。對內要有藉口，解脫失敗責任，「背後一刀說」
（Dolchstosslegende），於焉出籠。

圖42　一九一八年十二月，人民代表委員會理事會主席艾伯特在柏林布蘭登堡
門歡迎從前線歸來的士兵：「沒有敵人把你們打垮了，……你們可以抬起頭來
回家去！」

一九一八年十二月初，艾伯特在柏林布蘭登堡門歡迎從前線歸來的士兵時說：「你們的犧牲和貢獻是史無前例的。沒有敵人把你們打垮了，而是敵人在人力和物力佔絕對優勢時，我們才放棄了戰鬥。……你們可以抬起頭來回家去！」這是德軍被敵人打垮了的正面說法。軍方死不認帳，不承認軍事失敗，進而製造脫詞，找代罪對象。

一九一九年十月下旬，國民議會就戰爭責任問題成立了一個調查委員會。軍事將領、高級官員及歷史學者應邀出席聽證會。十一月五日，在一次內閣會議上，新上任的參謀總長葛羅納將軍首先指出：陸軍的最大的敵人是後方的布爾什維克主義。十一月十八日，輪到興登堡元帥及前參謀總長魯登道夫出席發言。當時倆人已無軍職，身著便裝赴會，進入會場時，聽眾歡呼：「興登堡元帥萬歲！打倒這個猶太人政府！打倒這個猶太人調查委員會！」

興登堡倚老賣老，根本不理調查委員會提出的問題，宣讀自己事前準備好的聲明〔由極右的德意志民族人民黨國民議會議員何菲理（Karl Helfferich, 1872-1924)捉刀〕，其中最重要的一句話是：「對於戰爭失敗，軍隊沒有責任。軍官及士兵的貢獻是值得欽佩的，正如一位英國將領所說的那樣，德國軍隊是從背後挨了致命的一刀。」引用英國將領的話，表示客觀可信。後來史實證實，上述「一位英國將領」的引言，是以訛傳訛。但是出自前陸軍統帥之口，這個無中生有的「背後一刀說」就有了權威性的具體內容，也成為極右政黨分子攻擊革命左派和共和政府的有力武器了。

「背後一刀說」影響深遠，也可以從下面的事實得到認識：一九四一年六月，在德軍進攻蘇聯的前夕，德軍第四十八裝甲兵團司令在每日軍令中指出：「領袖再次徵召我們赴戰。我們的任務是，擊潰紅軍，從而永遠消滅布爾什維克主義，也就是民主社會主義的死敵。我們從未忘記：就是這

個布爾什維克主義在戰爭期間，在我們國防軍的背後捅了一刀，它是使我們民族在戰後遭受一切災難的根源。我們要永遠記住這一點。」

·卡普暴動

凡爾賽和約於一九二〇年一月十日生效。德國軍方反對和約；反對交出「戰犯」，由協約國審判，特別反對限武條款：德國的常備兵力不得超過十萬人等等。關於戰犯，協約國原先要求德國交出895名「戰犯」，包括威廉王子、自一九〇九年至一九一七年的歷屆首相、興登堡元帥、魯登道夫參謀總長、海軍大將狄爾皮斯等。但從一九二〇年二月十三日起，協約國已不再堅持交出戰犯。協約國基本上同意由德國法庭審判，並可以接受德方判決。在限武方面，德國當時，一九二〇年一月，有國防軍及志願軍共二十五萬人左右。除了六萬正規兵員要解除武裝之外，首先遭到遣散命運的是志願軍。遣散就是失業，沒飯吃或無家可歸。軍中不滿情緒可想而知。

遣散兵員的措施要在一九一九年三月三十日以前完成，後來又延長至一九二〇年七月十日。但是一九二〇年初，協約國的軍事監督委員會指出：在柏林附近的陸軍操練場駐有由海軍人員構成的志願軍單位。因為海軍兵員不得超過一萬五千人，這些志願軍必須解散。這些志願軍是第二與第三海軍旅團，以及在波羅的海三國鎮壓布爾什維克運動的「波羅的海志願軍」，他們於一九一九年十月完成任務後返回德國。

一九二〇年二月二十九日，國防部長諾斯克首先下令在呂特維茨（Walther Freiherr von Lüttwitz, 1859–1942）將軍指揮下的志願軍，特別是「第二海軍旅團」，也就是反共出名的「艾爾哈特旅團」，要在三月十日以前解散。

呂特維茨當時是駐柏林的國防軍第一兵團指揮，是一位反對共產，也

反對共和的死硬派，曾任東普魯士科尼斯堡的指揮官，結識卡普（Wolfgang Kapp, 1858-1922），倆人合作。三月十日，呂特維茨 —— 超出職權範圍 —— 當面要求總統：馬上解散國民議會，另選國會。外交、經濟及財政三部要由「專家」領導，並任命他本人為國防部的總指揮，同時撤銷諾斯克於二月二十九日發出解散第二海軍旅團的命令。

　　三月十一日，國防部長諾斯克下令免去呂特維茨軍職，並繼續執行解除志願軍武裝的措施。次日，呂特維茨下令「艾爾哈特旅團」開入柏林。呂特維茨抗命造反，當夜，諾斯克召開軍事將領會議，商討對策。各方意見不一。特殊兵種指揮處首長塞克特（Hans von Seeckt, 1866-1936）將軍反對動用軍隊鎮壓，強調「國防軍不打自己人」。至於塞克特是否說過這句史學著作經常引述的名言，沒有證實，但其立場保持「中立」，則不容置疑。塞克特一言九鼎，文人政府沒有槍桿子撐腰，只有走為上策。鮑爾政府「播遷」，倉皇逃往德雷斯登，再去斯圖加特。

　　一九二〇年三月十三日，呂特維茨及「艾爾哈特旅團」佔領柏林政府區，卡普 —— 事前一無所知 —— 出任「首相」。卡普曾於一九〇六年至一九一六年任「東普魯士農業信用銀行總理」（Generaldirektor der Ostpreus-sischen Landwirtschaftskreditbank）。一般德國史學著作，少有例外，都說卡普是："Generallandschaftsdirektor"，職銜不明。卡普曾於一九一七年九月聯合同道創立保守的「德意志祖國黨」，次年二月至十月任國會議員。卡普沒有知名度，政治上也沒有號召力。

　　柏林局面混亂，街頭巷戰，工人罷工。行政官僚拒絕執行新政府的命令，最重要的是，國防軍雖然不打自己人，但是軍方也拒絕跟這些不成氣候的暴動分子合作。暴動沒有充分準備，高估志願軍的戰鬥力和卡普的政治影響。卡普暴動短命，只有四天，三月十七日失敗結束。三天後，政府

圖43　一九二〇
年三月十三日，
卡普暴動軍隊佔
領首相府。

返回柏林，繼續執政。

　　國防部長諾斯克在暴動期間曾動用軍隊鎮壓工人的罷工行動，遭受來
自他自己政黨──社會民主黨的猛烈攻擊，不得不引咎辭職。陸軍總長來
哈德（Walther Reinhardt, 1872-1930）主張動用軍隊鎮壓暴動，受人物議，
也跟著提出辭呈。後任是上面提到的塞克特將軍。

　　塞克特將軍是一位保守分子；反對共和，支持帝制。他認為當時的政
府是一個過渡時期的政權；對內對外，德國都需要一個具有權威的政府。
在「保持中立」的口號下，塞克特將軍把國防軍發展成為他領導下的一個
「獨立王國」。

　　鮑爾首相未能阻止卡普暴動，不無責任。國防部長引咎辭職，處境尷
尬。此外，過渡時期的「簽字內閣」在完成凡爾賽和約的簽署之後，實際
上已經完成其歷史任務。在沒有自己的社會民主黨的支持下，於三月二十
六日，掛冠求去。執政二百七十七天。

四、穆勒第一次內閣（1920年3月27日—6月 21日）

　　一九二〇年三月二十四日，總統艾伯特接見各黨領導人討論組閣問題時，社會民主黨人穆勒已被指定為鮑爾的接班人。因為各黨對內閣人事意見不一，穆勒有意打退堂鼓，一直到三月二十七日晚，內閣名單才最後定案。次日，在「威瑪聯合」的基礎上，穆勒組成新閣，至一九二〇年六月八日為止，執行政府工作。穆勒內閣的主要任務是：清理三月卡普暴動殘局和保證第一屆國會選舉順利進行。

　　四十三歲的穆勒首相是商業方面的僱員出身，有語言天才，在社會民主黨負責新聞工作。在政治上，從左逐漸轉右。在穆勒領導下的政府是一個二流內閣。在國內、國外都不受重視。英國首相喬治說："In Germany the Allies were dealing with a weak Government which had no authority, was composed of secondrate men, and was without influence, prestige or even respect in its own country."

　　三月卡普暴動之際，在萊茵地區各城市發生工人的罷工行動，不久罷工運動轉變而為由共產分子操縱的暴動。擁有六萬多人的「赤軍」控制了魯爾工業區。此時，穆勒首相在政府聲明中表示：政府對於左翼無政府主義分子，要與對付右派無政府主義分子一樣，堅決鎮壓，維持安定。三月底，國防軍與志願軍開入魯爾區，赤軍領導人為了避免流血，停止武鬥，並與政府軍隊達成協議（Bielefelder Abkommen）。

　　政府鎮壓暴動是內政問題，但是德國軍隊開進魯爾地區——軍事中立化地區，就牽涉到對協約國的關係，引起糾紛，在所難免。因此，三月十

圖44　一九二〇年五月，穆勒首相步行前往國會大廈。

八日，穆勒政府探詢巴黎對德軍開進魯爾的態度。法國政府認為違反凡爾賽和約，堅決反對。英國內閣表示同情德國政府的處境。當德軍進入魯爾工業地區之後，法國軍隊馬上進佔曼茵行政區，以為報復。五月上旬魯爾暴動完全平定下來，法軍在德方的抗議下，於七月十七日退出。

　　卡普暴動之後，穆勒政府決心要清除國防軍中反共和政府的卡普分子，但心有餘而力不足。在塞克特將軍領導下的國防軍已成為國中之國，政府不僅不能指揮軍隊，在維持共和政府鎮壓左派暴動方面還要依靠武裝力量。國防軍在政治上中間偏右，對共和時期的民主發展，負面影響很大。在行政機構方面，政府也有意清除反對共和的行政官僚。但是這些人根深蒂固，牽一髮而動全身；政府無力進行大刀闊斧的改革，在地方更是困難重重。共和政府，有名無實。

・威瑪政黨

　　過渡時期臨時政權的三個內閣，都是由社會民主黨領導執政，與中央黨及德意志民主黨共同組閣，史稱「威瑪聯合」。一九二〇年六月六日第一屆國會選舉，「威瑪聯合」三黨失去多數。此後社會民主黨除了曾參與維爾德內閣、史特雷斯曼內閣及穆勒第二次內閣外，基本上退出政府工作。因此，在第一屆國會選出之後的共和時期，主要是在中央黨、德意志民主黨、德意志人民黨、巴伐利亞人民黨及德意志民族人民黨五黨之間，有時三黨攜手，有時四黨聯合；但是這些內閣都是在社會民主黨「容忍」政策下執政的少數派政府。

　　威瑪共和時期的主要政黨，簡介如下：

1. 社會民主黨 （Sozialdemokratische Partei Deutschlands/SPD）：

　　一八七五年兩個社會民主主義黨派合併成立「德國社會主義工人黨」。帝國時期，一八九一年改稱「德國社會民主黨」，主張以合法手段實現帝國內部的政治改革，遭到馬克斯的無情攻擊，俾斯麥更視為「帝國政敵」，進行圍剿。艾伯特出任共和國總統之後，黨內群龍無首，也沒有明確政綱。第一次國會選舉後，不再出面組閣（穆勒第二次內閣除外）。在國會中擁有多數，是最大的政黨，但未能發揮領導作用。

2. 中央黨 （Zentrumspartei）：

　　德意志帝國的建立，是「小德意志方案」——大普魯士的實現。新教勢力增大，天主教會感受威脅。一八七〇年底，在普魯士邦議會

的天主教派系結合，成立「中央黨」，參加第一屆帝國議會選舉，代
表天主教會及天主教徒的利益。在歷屆選舉中，席位不斷增加，是
帝國議會中影響較大的政黨。戰後中央黨基本上支持議會民主，參
加歷屆內閣，並有五位首相來自中央黨。威瑪共和時期，中央黨是
在政治上發揮平衡作用的重要政黨。

3.巴伐利亞人民黨（Bayerische Volkspartei/BVP）：

在德國，南北對立，由來已久。戰敗後，德國南部巴伐利亞邦就反
對這個北方柏林的「普魯士共和國」，反對這個「被馬克思主義污染
的柏林」。一九一九年，巴伐利亞的保守分子不滿中央黨對共和政府
的友善態度以及該黨財政部長的財經改革方案，脫離中央黨，獨立
建黨，稱為「巴伐利亞人民黨」。建黨當時，政治上極端保守，傾向
君主主義。此後逐漸放棄對共和政府的敵對態度。

4.德意志民主黨（Deutsche Demokratische Partei/
  DDP）：

戰後「十一月革命」時，由帝國時代的「民族自由黨」和「進步人
民黨」的左翼自由民主人士聯合組成。其中包括國民議會的制憲學
者，主張代議政治，至一九三二年巴本內閣為止，參加歷屆政府工作。

5.德意志人民黨（Deutsche Volkspartei/DVP）：

一九一八年十二月，在上述德意志民主黨組成之後，「民族自由黨」
及「進步人民黨」的保守分子成立了德意志人民黨，代表大企業和
重工業界的利益。政治上主張恢復帝制，反對社會主義、代議政治。

6.德意志民族人民黨（Deutschnationale Volkspartei/
  DNVP）：

戰後「十一月革命」時，由四位保守右派分子組成；反對布爾什維克主義，主張恢復帝制，對共和政府持有敵對態度。黨的成員主要來自貴族、軍官、大地主、從事商業活動的中產階級，以及部分企業代表。除了一九二五年及一九二七／二八年兩次外，基本上反對威瑪憲法，拒絕參與政府工作。一九二八年，胡根貝格(Alfred Hugenberg, 1865-1951)接任黨魁之後，採取聯合納粹的統一戰線，並參加巴本、史萊赫及希特勒內閣。

7. **獨立社會民主黨 （Unabhängige Sozialdemokratische Partei/USPD）：**

一九一七年四月，從社會民主黨中分裂出來的左翼政黨。一九二七年九月又與社會民主黨合併。一共參加了兩次選舉：國民議會(1919年)及第一屆國會 (1920年)。

8. **德國共產黨 （Kommunistische Partei Deutschlands/ KPD）：**

一九一八年十二月三十日，斯巴達克同盟分子脫離獨立社會民主黨，成立了德國共產黨。共和時期，發動工運，組織暴動，反對威瑪共和政府，主張建立「蘇維埃共和國」。

在威瑪共和時期，特別是後期，納粹黨人扮演了一個重要角色。一九三三年一月，在希特勒的領導下取得政權，「德意志共和國」壽終正寢。納粹黨與其他政黨不同，應予另闢專節申論。

‧民族社會主義德意志工人黨

一九一九年一月五日，巴伐利亞國家鐵路的一個鉗工德雷斯勒(Anton

Drexler, 1884–1942）成立了一個右派社團——「德意志工人黨」(Deutsche Arbeiterpartei)，在啤酒館定期集會，談論時政；反對猶太人和布爾什維克主義。黨員有一百五十至二百人，大部是工人、手工業者；沒有黨綱、組織。

　　由於一九一九年四月共產黨在慕尼黑鬧事，並成立了「蘇維埃共和國」，「工人黨」這個名稱引起軍方懷疑。駐慕尼黑的國防軍情報單位就派了一名「線民」參加德意志工人黨的會議，刺探實情。這名線民就是希特勒（Adolf Hitler, 1889–1945）。參加幾次會議之後，希特勒被該黨的政治主張所吸引，於五月末六月初加入德意志工人黨，是該黨第五十五名黨員，負責宣傳工作。希特勒對於這個鬆懈、沒有紀律且無黨綱的政黨逐漸不滿，決心改組、奪權。

圖45　一九二〇年三月，希特勒改組「德意志工人黨」，更名為：「民族社會主義德意志工人黨」。自一九二二年起，自稱「領袖」。照片攝於一九二八年八月三十日，希特勒在慕尼黑一家啤酒館對親信訓話。

　　一九二〇年三月，希特勒把「德意志工人黨」更名為：「民族社會主義德意志工人黨」，同時公佈二十五點黨綱。一九二一年七月二十九日，希特勒任該黨主席，自一九二二年起稱為「領袖」（Führer）。

　　二十五點黨綱是從反資本主義的、反布爾什維克主義的和反猶太人的立場出發而提出來的民族主義和社會主義運動的要求：合併奧國、重新擁有殖民地、恢復德意志的強國地位、土地改革、大企業國有化、取銷猶太人的德國國籍並驅逐出境等等。這是當時右派政黨口號的大雜燴，希特勒並未認真宣傳，算是聊備一格。至一九二三年拒絕參加選舉。同年十一月九日暴動失敗後（參閱第二章：六、史特雷斯曼第二次內閣：希特勒暴動），希特勒改變策略路線，決心用「合法手段」取得政權。從一九二四年參加國會選舉到一九三三年一月出任首相，希特勒的宣傳重點是：反對凡爾賽和約、反對這個無能、出賣民族利益的共和政府。希特勒所要傳達的訊息是：強人希特勒和他的「運動」會給德國和德國人帶來奇蹟。

　　現在談談這個黨的德文名稱 "Nationalsozialistische Deutsche Arbeiterpartei/NSDAP" 及其中譯。在臺灣及大陸出版的德國歷史專著、論文通常譯為：「德國民族社會主義工人黨」、「民族社會主義德國勞工黨」、「國家社會主義德國工人黨」或「德意志國家社會勞工黨」等等。這些中文譯名，都與原意頗有出入，值得商榷。

1. "nationalsozialistisch"：

　　希特勒認為「民族主義」與「社會主義」是資本主義的雙胞胎，兩者是第一次世界大戰時的主要動力。資本主義愈發達，無產階級的成長愈快，由於貧富不均而有強烈的社會主義運動。資本主義愈發達，增強國力的要求也愈大，其結果是日益高漲的民族主義運動。希特勒要把兩者結合起來，使「民族社會主義（的）」（nationalsozialistisch）成為一個新的動力，用

來建設一個沒有階級、沒有社會對立的，而且是以德意志民族為主體的「人民共同體」（Volksgemeinschaft）。

2. "deutsch"：

希特勒的思想核心是種族論。民族的生存有賴國家的保護，但是人類的最高目的不是建立一個強大的國家而已，而是要維持種族的純潔。國家不是目的，而是為了達到一個更高的目的 —— 德意志人民共同體 —— 的必要手段。

在納粹的語言中，"Volk"（人民、民族）這個字是含有血統和鄉土因素的種族共同體。「德意志」（deutsch）亦然；「德意志的」或「德意志人」也含有血統和鄉土因素。「中國人」不見得都是漢人，「德國人」也包括了猶太人。「德意志」這個形容詞不能譯為「德國」。

3. "Arbeiterpartei"：

至於黨名最後「工人黨」（Arbeiterpartei）這個字，是繼承下來的。當時黨員並非以工人為主，而是以中小市民為主要對象。希特勒要建立的是一個屬於德意志全體人民、不分階級的政黨，因為希特勒的最終目的是，建立一個「千年帝國」，一個「德意志人民共同體」。不必咬文嚼字，抓住「工人」不放。

根據上述，在希特勒領導下的這個政黨名稱的中譯應該是：「民族社會主義德意志工人黨」。為了行文方便，本書以下使用「納粹」的簡稱代替上述全名。「納粹」（Nazi）是 "Nationalsozialist" 的略稱。這是西方著作中對「民族社會主義德意志工人黨」黨人的蟻稱。

・第一屆國會選舉

一九二〇年六月六日舉行第一屆國會選舉，主要政黨得票結果如下：

	1920	(1919)
選民總數（百萬）	35.949	(36.766)
投票總數（百萬）	28.463	(30.524)
投票比率（%）	79.2%	(83.0%)
總席位	459	(423)

	得票（百萬）	(1919)	比率	(1919)	席位	(1919)
社會民主黨	6.104	(11.509)	21.7%	(37.9%)	102	(165)
中央黨	3.845	(5.980)	13.6%	(19.7%)	64	(91)
德意志民主黨	2.333	(5.641)	8.3%	(18.5%)	39	(75)
德意志人民黨	3.919	(1.345)	13.9%	(4.4%)	65	(19)
巴伐利亞人民黨	1.238	（－）	4.2%	（－）	21	（－）
德意志民族人民黨	4.249	(3.121)	15.1%	(10.3%)	71	(44)
獨立社會民主黨	5.046	(2.317)	18.0%	(7.6%)	84	(22)
德國共產黨	0.589	（－）	2.0%	（－）	4	（－）

　　社會民主黨是第一屆國會選舉的最大輸家，比一九一九年的國民議會選舉少得五百多萬張選票，失去63席。「威瑪聯合」的另外兩個政黨也慘遭失敗。三黨總共取得43.6%的選票，在總席位中只佔205席，未超過半數，難以繼續執政。

　　右派政黨德意志人民黨、巴伐利亞人民黨以及極右的德意志民族人民黨在這次選舉中斬獲頗多。三黨共得33.2%的選票，157席。極左的獨立社會民主黨是最大的贏家，得五百多萬張選票，席位由一九一九年22個增為84個席位，出人意外。德國共產黨第一次參加選舉，又受暴動影響，不得人心，只得2%的選票，4個席位。右派政黨嚮往帝制，要恢復往日光輝；左翼分子要階級專政，實現蘇維埃。這些政黨加在一起共得53.2%的選票，

也就是有一千五百多萬德國人，選民的半數以上，不滿共和政府，拒絕民主政治。一九二〇年的第一屆國會選舉，對於威瑪共和此後的政治發展，具有深遠影響。

社會民主黨慘遭失敗，從此不再出面領導組閣(穆勒第二次內閣除外)，中間右派政黨在社會民主黨的「容忍」政策下組閣執政，在議會沒有多數。共和民主從開始就是一條腿走路。第一屆國會選出兩天後，六月八日，穆勒內閣總辭，因為正式國會要選出新的合法政府，結束臨時政權，執政兩個多月。在新閣選出之前，繼續執行政府工作。

第二章　內憂外患（1920-1923）

一、費倫巴哈內閣（1920年6月25日—1921年5月4日）

一九二〇年六月八日穆勒第一次內閣辭職，總統接受，同時授命穆勒在新閣成立之前，繼續負責政府工作，並籌組新閣。但是社會民主黨無意恢復「威瑪聯合」，也反對與右派政黨合作。組閣問題，陷入僵局。六月十四日，總統授權中央黨籌辦組閣事宜。

中央黨拒絕與極右的德意志民族人民黨或極左的獨立社會民主黨聯合執政。剩下來的就只有德意志民主黨和德意志人民黨。後者不反對加入由中央黨領導的政府工作，德意志民主黨也不反對，但要求反共和的德意志人民黨正式聲明：忠於威瑪憲法。中央黨從中折衝，德意志人民黨終於同意：「在憲法的基礎上，維護共和政體。」六月二十一日，總統任命中央黨人費倫巴哈（Konstantin Fehrenbach, 1852-1926）為首相，四天後新閣組成。

費倫巴哈內閣是一個中間偏右，且在社會民主黨「容忍」政策下執政的少數派政府。所謂「容忍」是說，社會民主黨不參加聯合執政，但也不支持任何反對黨提出的不信任案，俾使少數派政府能夠執行工作。這是此後共和時期內閣的特徵。因此，費倫巴哈內閣在對內、對外方面，不能當

家做主，要採取妥協態度，不是一個有魄力的政府。費倫巴哈是律師出身。
一八八四年開始從政，一九〇三年進入帝國議會，一九一八年六月任帝國
議會議長，戰後出任國民議會議長。費倫巴哈出任首相時已經六十八歲，
有豐富的議會經驗，也是一位為各黨派所尊敬的政治人物。

·賠償問題

　　費倫巴哈內閣的主要任務是解決賠償問題，最後也因為這個棘手問題
而垮臺。

　　凡爾賽和約規定，德國要履行賠償義務，但是有關賠償數目及賠款支
付方式等細節問題，沒有具體條款。由德國與協約國談判賠償的會議一延
再延。當德國有了依憲法選出的政府以後，決定於一九二〇年七月五日在
史杷召開會議（史杷就是德國在大戰期間自1918年3月至10月在比利時設
置最高統帥部的地方）。費倫巴哈內閣於六月二十五日成立，換句話說，德
國的新政府只有十天的時間來準備與協約國進行交涉這樣一個複雜的外交
問題。

　　七月三日，德國代表團由首相費倫巴哈率領前往史杷。出乎德方意料
之外，史杷會議對於賠款問題一筆帶過，主要討論有關德國的解除武裝及
煤的賠償問題。七月十四日，德方簽署一項煤的協定：在六個月之內，德
國要向協約國交運二百萬噸煤。這個協定的後果是，德國的工業因為煤的
缺少，而無法全力投入生產。在解除武裝方面會議討論的主題是，德國常
備兵力的數字以及保安警察是否應該保留等問題。德方要求擁有二十萬人
的常備兵力（和約規定十萬人），維持保安警察的準軍事性格。協約國拒絕。
德方要求延長解除的時限，協約國也不同意。七月九日，德方簽署了一項
有關解除武裝的協議。根據此一協議，德國要馬上解除居民自衛團、保安

警察以及平民的武裝，取銷兵役義務。至於常備兵力減至十萬人的措施，如果德方不履行協議條件，協約國將進佔德國城市。史杷會議在德國賠款數字的主要問題上，未能取得共識。

一九二〇年十二月十六日至二十二日，協約國在布魯塞爾召開會議，討論德國的賠款問題。協約國內部意見不一，也沒有結果。一九二一年一月二十九日，且在沒有德國參加的情形下，協約國賠償委員會在巴黎開會，決定了德國的賠款數字。巴黎通牒說：德國要在四十二年內付出二千二百六十億金馬克，另外加付出口貿易額的百分之二十。

法、英等歐洲國家，在戰時遭遇的損失過重，後期又向美國貸款，負債纍纍，財政接近破產邊緣，期待從德國人的賠款中撈回一筆，“make them pay”。但是這是一個天文數字，客觀上德國沒有償付如此龐大賠款的經濟能力。一九二〇年政府總預算就缺少六十七億馬克。德方表示無法接受，建議賠款總額為五百億金馬克。

一九二一年三月一日，協約國在倫敦集會，確認賠償委員會去年在巴黎決定的賠償數字。兩天後，英國首相代表協約國通知德國代表團，德國的賠款總額是二千二百六十億金馬克。三月八日，費倫巴哈首相拂袖而去。回到柏林，受到英雄式的歡迎，因為終於有了一位德國政治家敢說「不！」在美國應德國請求調停失敗後，費倫巴哈內閣於五月三日及四日兩天討論賠償問題，決議於五月四日總辭。同時，五月初，協約國在倫敦集會，五月五日，對德國政府發出「倫敦通牒」：德國政府要無條件地履行賠償及解除武裝義務。如果德國政府在六天之內，至五月十一日不接受通牒所提出的條件，協約國軍隊將佔領魯爾工業區，並採取在陸海方面必要的軍事措施，直到德國政府完全履行協約國所開出的條件為止。

倫敦通牒發出的前夕，又發生了「上史雷吉恩問題」，這與費倫巴哈的

辭職也有關聯。

上史雷吉恩（Oberschlesien）在史雷吉恩的東南（中文著作寫為「西里西亞」，這是英語 Silesia 的音譯。本文採用德語發音）。根據凡爾賽和約，上史雷吉恩要經過當地居民投票決定歸屬德國或是波蘭。這裡是德國在東部的重工業地帶，其經濟意義僅次於西部的魯爾工業區，是一塊肥肉，波蘭要利用德國戰敗的大好形勢，據為己有。因此用盡一切手段影響投票，德波關係緊張，衝突時起。

一九二一年三月二十日舉行居民投票，投票率高達98.8％；61％的居民主張歸德國，僅有 39 ％贊成波蘭接收。波蘭不肯就此罷休。五月三日，在倫敦通牒到達柏林的前兩天，波蘭的義勇軍，策發暴動，佔領上史雷吉恩。上史雷吉恩在最後決定歸屬之前，是由協約國特別委員會託管，因此，德國政府不能派兵前往該地趕走波蘭人，外交上又無奧援，束手無策。

在賠款問題方面，協約國逼人太甚。現在又有波蘭在協約國（法國）的支持下，搶走上史雷吉恩重工業區的危險。群情激憤，深感受騙。五月四日，在倫敦通牒到達柏林的前一天，費倫巴哈內閣根據決議總辭，執政不到一年，三百一十三天。

・德俄關係

凡爾賽和約使德國在外交上失去自主，受制於人。對外關係主要就是對協約國的關係，這是一面倒的局面。但是德俄關係是一個例外。

自從德國駐俄公使米爾巴哈（Wilhelm Graf von Mirbach-Harff, 1871-1918）在莫斯科被俄國的社會主義分子謀殺之後，同年十一月德、俄斷絕外交關係。此後，蘇俄不斷投石問路，想要恢復兩國關係。德國反應冷淡，因為不能不考慮協約國對蘇俄的敵對立場。

當一九二〇年夏天，在俄波戰爭進行中，蘇俄軍隊逐漸接近德國邊境。費倫巴哈內閣認為，這種局勢不會構成對德國的威脅，但可能會引起內政方面的不安局面。因此，費倫巴哈內閣於七月二十日對外宣佈：德國在俄波戰爭中嚴守中立。所謂「中立」，事實上就是偏袒蘇俄，對波蘭不利。此時德國已經改變對俄態度，有意接近。

一九二一年初，英俄交涉將有具體結果。德國利用時機，隨後跟進。一九二一年二月，德、俄達成協議：交換戰俘及恢復經濟關係。一九二一年五月六日，也就是費倫巴哈內閣辭職後兩天，外交部獨斷獨行，不等新閣成立，不理總統反對，正式簽署上述的二月協議。

德、俄接近，與波蘭有密切關聯。德國對波蘭的外交是敵我關係。因為德國不能接受波蘭根據凡爾賽和約取得德國大片土地的事實。德國上下決心要「還我河山」。一九三九年九月一日，希特勒發動對波蘭的閃電攻擊，以及希特勒與史大林簽訂的「不侵犯條約」，都有其「歷史根源」。

・共產國際與「三月暴動」

根據一九二〇年七月九日德方在史杷會議上簽署有關解除武裝的協議，德國也要馬上解除「居民自衛團」（Einwohnerwehr）的武裝。德國各邦早已遵命照辦，只有巴伐利亞唱反調。

一九二〇年八月，史杷會議結束不久，巴伐利亞邦「居民自衛團」創始人林業局參事艾施利（Georg Escherich, 1870-1941）不僅拒絕解散，同時又創辦了一個「艾施利組織」，簡稱："Orgesch"，是一個各種反布爾什維克主義團體的領導組織。一九二〇年秋至一九二三年春，「艾施利組織」的反共活動，又與「三月暴動」有密切關聯。

一九二〇年十月，獨立社會民主黨在哈雷（Halle）召開黨代表大會，

決議加入共產國際，同時決定與德國共產黨合併。贊成的代表達58％，大多數是年輕人，不是專業工人而是礦場或化學工業的生手，算是真正的「無產階級」，特別反對當時的政治、經濟制度。他們羨慕蘇俄社會主義革命成功，支持加入共產國際，就是這種期待的一種表現。這與五四當時中國的智識分子「要走俄國人的路」完全不同。

一九二○年十二月初，獨立社會民主黨與共產黨合併。新的黨主席有兩名：黎偉（Paul Levi, 1883-1930）及陶明（Ernst Däuming, 1866-1922）。前者主張統一戰線策略，後者是獨立社會民主黨的左翼，是強調實現蘇維埃的死硬派。在當時共產國際「左派」領導人物西諾耶夫（Grigorij J. Sinowjew, 1883-1936）、布哈林（Nikolai Bucharin, 1888-1938）、古拉斯基（Samuel Guralski, 1885-1960；原名：August Kleine）、拉狄克（Karl Radek, 1885-1939）的眼中，黎偉這位前德共中央主席是共產國際推行世界革命以及在德國搞蘇維埃運動的絆腳石。

黎偉認為爭取無產階級的廣大群眾，是德國共產黨的主要任務，也是發動革命的先決條件。共產國際不以為然，主張採取「進攻路線」的理論家則強調，進行革命是保證共產黨擁有工人階級領導權的僅有機會。因此，進行革命的時刻，不能取決於一個國家客觀條件的成熟與否，而是基於「革命母國」（蘇俄）的需要。

對西諾耶夫、布哈林及古拉斯基等人來說，蘇俄要在西歐推行革命，藉以調整俄國革命的遲緩化。在當時的西歐國家中，德國具有推行革命的條件：由於賠償而發生的經濟危機、上史雷吉恩的居民投票、由解除武裝而引起的衝突等等。此外，激進右派如「艾施利組織」的反共活動，不容坐視，必須採取相應行動。

一九二一年二月二十二日，黎偉及其戰友被迫下臺。主張採取「進攻

路線」的代表人物塔爾曼（Ernst Thälmann, 1886-1944）在拉狄克的支持下粉墨登場。

　　一九二一年三月初，共產國際派了三名幹將前來柏林：兩名極左的匈牙利人貝拉・昆（Béla Kun, 1886-1937?）、鮑戈尼（Josef Pogany, 1886-1939；原名：Peter Pepper）及古拉斯基。他們的任務是，與德共中央的左派新領導共同準備推翻德國當前政權的暴動，並決定於三月二十七日至二十八日在德國中部的工業地區起事。

　　德國中部工業地區的發展較晚。第一次世界大戰期間才有了化學工業。自一九一九年根據凡爾賽和約失去諸多礦產地帶以後，中部的礦業具有重要經濟意義。工人的社會成分不一，與在社會民主黨影響下的工會的關係也不深。

　　一九二一年三月十三日，在柏林「勝利女神」碑下發現爆炸物品。經過調查，推測是來自德國中部薩克森。次日，政府根據情報單位的報告，得知蘇俄政府為了轉移內部危機，要在德國中部進行暴動，推翻共和政府。普魯士邦政府內政部長史維林（Carl Severing, 1875-1952），社會民主黨人，下令在中部動員警察戒備（薩克森是普魯士邦管轄下的一個省）。三月十七日，德共獲得警察採取行動的消息，從而改變暴動計畫；當天決定，馬上行動。次日，貝拉・昆在「紅旗」發表專文，呼籲團結。

　　暴動的進行並不順利。三月二十一日在中部小城曼斯費德的一個銅礦發生罷工活動，沒有多大反應。兩天後，武裝工人與警察衝突，不是大規模的暴動，工人也沒有響應號召。但是三月二十三日，北部漢堡在德共支部領導的指示下，首先有一小撮暴動分子接連地突襲了十七個警察派出所，搶走武器。午間，警察方面已經奪回大部分被佔領的派出所。下午，在第四十二號派出所暴動分子與警察發生流血武鬥。在有八百餘名水兵增援的

情形下，暴動只有一天半就被鎮壓下去。

圖46　一九二一年三月中部（Eisleben）暴動失敗，警察押送被捕共產黨人送審。

　　一九二一年的三月暴動，於三月二十九日草草收場。根據官方統計，共有一百八十人死亡，其中警察三十五人，市民一百四十五人。有六千人被捕，其中四千人被判徒刑，監禁年數共達二千多年。中部戒嚴一直延長到一九二一年九月。這個左傾進攻路線的後果是，德共中央分裂，政治影響日微；德國人對布爾什維克主義更加痛恨。

　　一九二一年的三月暴動，前東德學者稱之為「三月行動」（Märzaktion）：「在黨領導的命令下，結束鬥爭，有紀律地退出戰鬥。」大陸的德國

史專家則強調那是「三月革命」,「在德國工人運動史上寫下了光輝的一頁」。

二、維爾德第一次內閣（1921年5月10日—10月22日）

費倫巴哈內閣辭職後,中央黨與各黨領袖商討組閣事宜。組閣問題又與各黨對倫敦通牒的立場有密切關聯。

協約國在一九二一年五月五日發出的倫敦通牒中,要求德國政府要在六天之內無條件地接受:㈠賠款方案,㈡在賠款方案中所規定的賠款數字,㈢準時實現解除武裝的措施,㈣德國法庭審判德國戰犯。賠款方案共十二條,規定德國的賠款總額是一千三百二十億金馬克,每年付現款二十億金馬克以及德國出口總值的百分之二十六。二十五天之後,即五月三十日,德國要付賠款十億金馬克。倫敦通牒要在五月十一日以前答覆。

五月九日及十日,各黨表態。中央黨及社會民主黨主張接受倫敦通牒,德意志民主黨國會黨團內部意見分歧,德意志人民黨堅決反對。在組閣問題上只剩下了中央黨、社會民主黨及德意志民主黨。五月十日,中央黨推薦該黨國會議員維爾德（Josef Wirth, 1879-1956）出任首相。當天晚上,維爾德在「威瑪聯合」的基礎上就向國會提出新閣名單——幾乎沒有新人,因為時間緊迫,同時要求國會表決倫敦通牒。執政三黨（中央黨、社會民主黨、德意志民主黨）的席位加在一起共有205席,未超過總席位（459）的半數。國難當頭,國會仍以220票對172票通過接受倫敦通牒。五月十日午夜,維爾德首相向協約國發出照會,德國政府無條件接受倫敦通牒。次日,維爾德首相在國會發表演說稱:為了拯救德國及其統一,為了使德國避免遭受敵軍侵犯的危險,為了維護德意志的自由,德國人願意承受最大

的物質犧牲。因此，德國政府接受倫敦通牒。

維爾德出任首相時，四十二歲，是一位能言善辯的青年才俊。在大學攻讀數學及國民經濟，並取得博士學位。一九一一年開始從政，大戰時參加紅十字會的醫療工作。曾在穆勒及費倫巴哈內閣擔任財政部長。維爾德內閣的主要工作是，對內要改革稅制，增加政府收入；對外交涉解決支付第一次賠款十億金馬克的問題。在這兩方面，沒有具體表現，執政一百六十五天就垮臺了。

接受倫敦通牒的後果是，無條件地履行協約國在賠償問題方面的要求。當時流行的一句口號是：「和約滿足政策」(Erfüllungspolitik)，意思是，政府出賣民族利益來滿足敵人的無理要求。以法、英為首的協約國，逼人太甚，德國人民群情激憤，但是無力反抗，只有把氣出在自己人身上。「十一月罪人」、「和約滿足政策」、「被協約國收買的走狗」、「猶太人政權」（內閣中有猶太人部長）等口號，深入人心，引起共鳴。給共產左翼分子及激進右派在進行顛覆政府活動方面又製造了藉口，也引發了對「十一月罪人」的政治謀殺。艾茨貝格首當其衝。

一九一七年，艾茨貝格任帝國議會議員時就在國會發言主張講和、停戰。一九一八年十一月任不管部次長代表德國政府簽署停戰協定。此後他全力主張接受凡爾賽和約，否則勢將重啟戰端，引發協約國軍隊進佔德國，破壞統一。艾茨貝格在鮑爾內閣擔任財政部長時（1919年6月），進行財經改革，中央政府掌握了重要稅收，各邦政府從此處於財政上依附中央的地位，從而引起右派分子對艾茨貝格的人身攻擊。訴訟失利，一九二〇年三月不得不掛冠求去。一九二一年國會選舉時，又被選為議員。在右派分子眼中，艾茨貝格是一個標準的「十一月罪人」。在任財政部長時曾有過三次謀殺，艾茨貝格死裡逃生。在政府接受倫敦通牒後，艾茨貝格被選為行刺對

象，不無原因。一九二一年八月二十六日，艾茨貝格在渡假時被刺身死。刺客是兩名退役軍官，屬於秘密組織"OC"，全名是："Organisation Consul"，領導人是海軍少校艾爾哈特（Hermann Ehrhardt, 1881–1971），也就是參加卡普暴動的「艾爾哈特旅團」的指揮官。根據一九二一年制定的綱領，"OC" 的宗旨是：反猶太人，反對社會主義，反對威瑪憲法及共和政府。在這種反共和政府氣氛高漲的時候，國際聯盟公佈了關於上史雷吉恩的決定。

　　一九二一年十月十二日，國際聯盟理事會不理居民投票結果，決定上史雷吉恩由德國及波蘭分別佔有。但波蘭取得的是大部分重工業地區，德國等於失去上史雷吉恩。十月二十六日，維爾德首相在國會發表聲明指出：在上史雷吉恩，德國從此失去了77.5％的煤的生產，鋅的損失高達85％，鉛的損失是75％。換句話說，鋅、鉛、銀礦完全由波蘭擁有。維爾德首相說：「我們深感被騙，孤立無援！」

　　德國人當時深信，根據居民投票結果，德國一定會收復上史雷吉恩。現在失去此一東部的重工業地區，德國更不具有履行賠償義務的經濟能力。十月二十二日，內閣會議討論當前局勢，中央黨及德意志民主黨的部長主張內閣總辭。維爾德首相是少數派，只好辭職。三天後，十月二十五日，總統艾伯特又授命維爾德組閣。

三、維爾德第二次內閣（1921年10月26日—1922年11月14日）

　　維爾德第二次內閣於十月二十六日組成，還是中央黨、社會民主黨及德意志民主黨聯合的少數派政府。內閣閣員除了內政、財政及法務外，基

本上是原班人馬。至一九二二年一月三十日，維爾德自兼外交部長，此後由拉特瑙（Walther Rathenau, 1867–1922）接任。

‧熱那亞會議

維爾德組成新閣後的首要任務是，解決賠款問題。一九二一年十二月，德國政府向協約國提出延期支付一九二二年一月及二月的賠款。一九二二年一月，協約國代表在法國坎城召開賠償問題會議。

戰後德國的外交關係，就是對協約國的關係。所謂協約國又以法、英為主，其他國家是敬陪末座，不起作用。至於法國領導人，親歷戰爭，對德國是恨之入骨；在國際會議上，對德國代表傲慢無理。一九二一年一月，法國總理換人，新任布里安（Aristide Briand, 1862–1932）與克里孟梭不同，有意調整法德關係。英國也逐漸相信，無理地賠償要求是行不通的。會議的共識是：德國的賠償問題是整個歐洲的經濟問題，只有在世界經濟的範疇內，才能尋求解決途徑。因此決定於一九二二年四月召開世界經濟會議。

一九二二年四月十日，在意大利西北部的熱那亞（Genoa；意語：Genova）召開世界經濟會議，有二十八國代表出席。蘇俄第一次派代表團，由「外長」齊契林（Georgij W. Tschitscherin, 1872–1936）率領參加。在這期間，法國總理換人，由反德的死硬派斐恩喀接任，但未出席會議。德國方面估計，此次會議重要，場外交談的機會可能很多，應加利用。因此，維爾德首相親自出馬，並率領四位部長同行，其中之一是自一九二二年二月起擔任外交部長的拉特瑙。

會議的主題是，討論調整戰後的世界經濟問題，同時也處理了如何重建蘇俄經濟的問題，因為這個問題與德國的賠償義務有密切關聯。在談到

蘇俄戰前債務時，代表意見不一，會議停頓。西方國家認為，只有蘇俄承認戰前沙皇所欠的債務時，西方才肯與蘇俄建立正常關係。因此，要求蘇俄在賠償問題上，要對德國採取強硬態度，藉以減輕沙皇俄國對西方——特別是法國——的債務。維爾德首相認為，這是西方拉攏蘇俄建立反德的統一戰線，對將來修改凡爾賽和約將有不利影響，不能坐視。

・拉巴洛條約

「拉巴洛」（Rapallo）這個字，在今天已是外交語言的一個「成語」，有兩個意思：㈠共產俄國和反共的德國，兩個死對頭，在某種情況下，可以聯合起來對付西方。㈡此種聯合可以在一夜之間成為事實。拉巴洛條約，從談判到簽字不到二十四小時。在外交史上堪稱空前。但是它也有一段一般史書很少論及的前史。

戰前，蘇俄曾與西方國家聯合作戰。但在戰爭結束後，對協約國來說，共產蘇俄是局外人，靠邊站。協約國也擔心西歐的布爾什維克主義化。戰後初期，蘇俄也確實想要利用德國的動盪局面，策發暴動，實現蘇維埃政權，推動世界革命。自從一九一八年十一月俄國大使越飛（Adolf A. Joffe, 1883-1927）被驅逐出境之後，德俄之間已無外交關係。

一九一八年十二月十六日，在柏林召開工人、士兵代表委員會全國代表大會。列寧重視德國的社會主義革命，派出代表團前來參加盛會。但是在社會民主黨人艾伯特領導下的德國政府禁止俄人入境，代表團打道回府。只有代表團的成員之一，前面提到的拉狄克，化裝成奧國戰俘，偷渡前來柏林。拉狄克是波蘭猶太人，能說流利的德語、奧國德語，當時是共產國際的德國專家（1923年至1924年是共產國際執行委員會東方部主任，1925年至1927年出任孫逸仙大學校長）。 拉狄克於一九一八年十二月三十日參

加德國共產黨成立大會後不久被捕。

　　凡爾賽和約簽字後，一九一九年夏，拉狄克在獄中的生活突然改善，可以接見訪客。在訪客中有德國國防軍的高級軍官，其中一位是鮑爾上校（Max Bauer, 1869-1929；二十年代曾在南京擔任軍事顧問）。 一九一九年十月出獄後，住在雷布尼茲上校（Oberst von Reibnitz）的家裡。這位上校是當時陸軍最高負責人塞克特將軍的參謀。他們討論的主題是，德、俄如何合作。德國上下，反對凡爾賽和約，軍方尤其不滿和約中的限武條款。在塞克特領導下的國防軍要重整武備，恢復德國的強國地位。在當時的國際環境中，德國只能與俄國及其紅軍合作（關於德俄軍事合作，見：第三章：五、馬克斯第三次內閣）。一九一九年十二月拉狄克返回俄國。

　　一九二二年一月，也就是協約國在坎城會議決定召開世界經濟會議的時候，拉狄克來訪柏林，與德方洽談有關兩國利益的問題。就蘇俄來說，

圖47　「可疑的溫情」——蘇俄要與德國工業界建立密切的經濟關係。（畫家：A. Johnson, 1931年3月）

共有三點：㈠根據凡爾賽和約第一一六條，蘇俄有權向德國提出賠償要求，但問題是，蘇俄同時也要對西方國家承擔沙皇時代的債務。結果是得不償失。㈡根據協約國的「建議」，蘇俄的經濟重建，要在國際企業聯合組織的監督下進行。蘇俄要與德國建立密切的經濟關係，藉以擺脫外力干涉。㈢兩國恢復正常關係。當一九二二年一月三十一日拉特瑙接任外交部長時，外交部東方部主任馬爾璨(Adolf G. O. Freiherr von Maltzan, 1877-1927)已經與拉狄克擬妥德俄合作條約草案。拉特瑙反對，擔心德俄接近會影響德國對西方國家的關係，但是首相維爾德主張德俄合作。四月初，由「外長」齊契林率領的蘇俄代表團，在赴熱那亞途中，「順道」訪問柏林。雙方對賠償要求一點意見不同，各不讓步，但在其他方面取得共識。

在世界經濟會議期間，一個星期六的半夜兩點多鐘，蘇俄「外長」齊契林打電話給德國代表團的馬爾璨。電話的主要內容是：齊契林要求德國代表團於次日，星期天來訪，洽談雙方如何達成雙邊協議。齊契林強調，德國可享有最惠國待遇。德國代表團從半夜兩點到清晨五點，在拉特瑙房間召開了有名的「睡衣會議」。星期天早晨，德國代表團前往在熱那亞附近的一個海水浴場，也就是蘇俄代表團住的地方拉巴洛。雙方晤談，下午五點，達成協議，雙方簽字。

一九二二年四月十六日，在拉巴洛簽署的德俄協議，史稱「拉巴洛條約」，共有六條，三點主要內容：德俄：㈠互相放棄賠償要求，㈡建立外交關係，㈢給予在貿易及經濟方面的最惠國待遇。

熱那亞的世界經濟會議，籌備欠週，沒有任何具體結果而終。但是拉巴洛條約的簽訂，則是會議題外的一件大事。西方國家在承認共產政權蘇俄的問題上，採取封鎖政策。戰敗的德國卻敢自做主張，首先給予承認，而蘇俄又因此而突破外交上的孤立局面。西方國家懷疑，拉巴洛條約不止

六條，一定還有幕後交易，而且可能是軍事合作。從一九二二年到一九三三年，德俄關係穩定，但德法關係日趨惡化，一九二三年一月法軍進佔魯爾，就與拉巴洛條約有密切關聯。

最近，一九九七年，德國史學者曲波爾斯（Heinrich Küppers）出版了一本維爾德傳記，是一本根據俄羅斯及德國的未刊檔案所寫成的新書。著者認為，維爾德首相於一九二二年簽署的拉巴洛條約是一個後果嚴重的錯誤。因為維爾德要使德國重整武裝，因此支持國防軍與紅軍合作，從而使政府讓軍方的塞克特將軍牽著鼻子走。這個論點，值得商榷。

支持簽署拉巴洛條約的學者特別指出一九二二年初德國的處境。西邊的法國有八十萬大軍，虎視眈眈，要把法國的邊境擴展到德國的萊茵左岸。當時的危機是法軍進佔魯爾工業區。東部波蘭有陸軍三十六萬人，在法國撐腰下，已經吃掉了上史雷吉恩重工業區，其最終目的是要把波蘭西部的邊境推展到奧德河。在法波之間的德國，沒有武力，孤立無援。

德國國防軍領導人塞克特將軍是一個反共、反和約的死硬派，他要重整武裝，因此採取主動，進行德俄軍事合作。維爾德首相是保守的君主主義者，他要恢復德國往日的強大，不再受人欺辱，因此全力支持塞克特與紅軍合作的路線。維爾德與塞克特都相信，德國與蘇俄在政治上與軍事上的合作，可以「解決」夾在中間的波蘭。

希特勒取得政權之後，有份報紙（Der Alemanne）還在攻擊維爾德的對俄政策。因此，維爾德於一九三三年九月二日向外交部提出一份備忘錄，闡述簽署拉巴洛條約的背景。維爾德說，他在一九二一年接任首相之後，就與外交部東方部主任馬爾璨討論德國的外交處境。由於東部邊境不斷遭受來自波蘭的威脅，因此，「有必要設法突破凡爾賽和約的桎梏」；當時唯一的途徑是與蘇俄合作。總統艾伯特反對，但是為了避免引起對內及對外

的危機，還是默許。維爾德強調，他不是沒有考慮到，拉巴洛條約會在內外引起異議，但是「我們是一個走投無路的民族，不怕承擔任何政治風險。與蘇俄接近，是要使德國在歐洲的政治舞臺上重新獲得地位，就像俾斯麥時代那樣」。

·拉特瑙遇刺身死

德國共和政府與布爾什維克主義的蘇俄簽約建交，引起國內激進右派的不滿。外長拉特瑙被選為行刺對象（事實上拉特瑙反對德俄合作），因為他是猶太人。在當時，共產黨與猶太人是同義語。

圖48　外長拉特瑙，猶太人，偏愛敞篷驕車。一九二二年六月二十四日，拉特瑙在上班途中，兇手用兩輛轎車前後攔截，跳入車內射殺，當場死亡。

一九二二年六月二十四日，拉特瑙在上班途中，被刺身死。主要兇手是一名退役軍官，跟刺殺艾茨貝格的兇手同樣是秘密組織 "OC" 的成員。

次日，維爾德首相在國會發表演說，面對坐在右側的議員說：「在人民傷口上撒毒的敵人就坐在這裡；毫無疑問，這個敵人就是右翼！」

六月二十六日，總統艾伯特根據憲法第四十八條發佈「保衛共和國」的緊急法令：禁止危害國家安全的社團組織如「鋼盔團」及「全德意志主義聯盟」的活動以及反共和體制的印刷品。事實上，這個緊急法令並沒有發生改變局面的作用。

一九二二年九月二十四日，社會民主黨與獨立社會民主黨合併。維爾德首相有意爭取德意志人民黨的史特雷斯曼入閣，接任外長，社會民主黨強調工人利益，反對代表大企業利益的史特雷斯曼，不予支持。其實社會民主黨反對拉巴洛條約也是一個說不出來的理由。聯合友黨扯後腿，維爾德無法繼續執政，於十一月十四日提出辭職。維爾德第二次內閣執政一年多，三百八十四天。代行政府工作至十一月二十二日。

四、古諾內閣（1922年11月22日—1923年8月12日）

一九二二年十一月十六日，維爾德首相辭職兩天後，總統艾伯特邀請古諾（Wilhelm Cuno, 1876-1933）組閣，因他與德、英企業界的重量級人士有良好的私人關係。在威瑪共和史上，這是第一次由一位無黨派人士來領導政府工作。

古諾是法學博士，出任首相時四十六歲，算是青年才俊，曾在政府機構任職。一九一七年轉入海運界，不久接任「漢堡·美國航運公司」的總經理，對於重建德國的海運船隊，貢獻很大，與英、美商界有良好的私人關係，是一位經濟專家。因此，政府曾邀請古諾參與停戰代表團及和約代

表團的交涉工作。古諾是一個標準的日耳曼人，高個子、金頭髮、藍眼珠；
為人穩重，善於談判。但無從政經驗，在政治上也是默默無聞。

圖49 古諾首相。身後是
外長羅森貝格。

　　古諾內閣閣員來自中央黨、德意志民主黨、巴伐利亞人民黨及德意志
人民黨，是一個中間偏右的少數派政府。在參與內閣工作的四黨之間，沒
有正式的政黨協議，不是「聯合政府」。在國會要靠社會民主黨的「容忍」，
才能執政。因此當時人們認為由古諾所領導的內閣是一個過渡的「業務內
閣」， 執政不會太久。但是法、比軍隊進佔魯爾，導致德國內部團結，一
致對外，使古諾內閣能夠存在二百六十三天。

·魯爾鬥爭

古諾內閣面臨的主要問題是賠償問題，由賠償問題引發魯爾鬥爭，再由魯爾鬥爭導致通貨膨脹，最後又因為通貨膨脹，局勢不可收拾而垮臺。

古諾首相與前任維爾德一樣，喊出的口號是：「麵包第一，賠償次之。」但不拒絕對話。一九二二年十一月二十四日，古諾首相發表政府聲明，要求協約國賠償委員會同意德國延期支付賠款三年至四年，以期穩定金融，平衡預算，改革稅制，同時希望能夠減低在一九二一年五月倫敦通牒中的賠款數目。

英、意、比三國有意進行溝通，法國堅決反對；總理斐恩喀認為德國沒有誠意履行賠償義務，一切理由都是藉口。十一月二十七日，法國內閣會議決定，為了保證法國要求賠償的權利，必要時有佔據魯爾工業地區的必要。斐恩喀說：「沒有抵押品，就不能延期賠款！」

一九二二年十二月二十六日，協約國賠償委員會確認：德國在一九二二年未能完全交運法國所要求的木材（電線桿用）數量，從而違反凡爾賽和約第三部分附件第二之第十七／第十八條的規定。接著又於一九二三年一月九日再度確認，德國交運法國的煤的數量不足規定。德國在賠款方面已經支付了一九二二年的十四億七千八百萬金馬克，完全履行了賠款義務，只是在實物賠償方面有少許拖欠，但總值也不過是二千四百萬金馬克而已。協約國賠償委員會一再確認德國沒有履行賠償義務，等於發給法國一紙佔領魯爾工業地區的同意書。

法國總理有了藉口，兩天後，於一九二三年一月十一日派出法軍五個師進佔魯爾工業區；斐恩喀稱之為「生產性的抵押品」。比國出兵一個師，英國拒絕參與佔領行動。在一年之內，佔領軍隊的數目高達十萬人。德國

圖50　「窺視守候」——
「獵狗」克里孟梭伺機佔
領魯爾工業區。（畫家：
Werner Hahmann, 1919
年8月）

政府不僅停止對法、比兩國的物資賠償，同時宣佈「消極抵抗」。佔領區
的工人、僱員、公務人員拒絕合作，鐵路、交通停頓，藉以阻止敵人把掠
奪的物資運送出境。工會也完全支持政府的消極抵抗政策。德國自從戰敗
以來，這是第一次，全國上下，不分左右，同仇敵愾，一致對外。法國佔
領魯爾的那一天，一月十一日，德國政府宣佈為「國恥紀念日」。

　　在進行消極抵抗的過程中，經常發生志願軍、退役軍人及學生進行破
壞鐵路、交通設施的活動，甚至襲擊法國哨兵。這些舉動都是出口氣的小
動作，成事不足敗事有餘。法國人以牙還牙，倒霉的還是德國人。法國最
初遭到消極抵抗的些許影響，但不久就能控制局面。德國不同，消極抵抗
在時間上對德國不利。

　　法國佔領魯爾，割斷了與國內工業的動脈。經濟生活、工業生產幾乎
完全停頓，稅收遽減。最重要的是，政府為了支持佔領區二百多萬居民和

失業人口每天要付出四千萬金馬克；進行消極抵抗，一共用掉大約三十五億金馬克。國庫空虛只有日夜趕印鈔票，其結果是通貨膨脹到了不可忍受的地步。一九二三年一月，魯爾鬥爭開始時，一元美金的兌換率是一萬八千馬克，到了同年八月，就已經超過百萬大關（1 美元＝ 1,102,750.00 馬克）。

一九二三年三月底，外交部在一份備忘錄中強調：在柏林，人們還沒有充分了解魯爾鬥爭的意義。「現在我們只能在鬥爭與死亡之間做一選擇；為了活命，我們必須鬥爭下去。」但是四月初，財政專家在柏林指出：「如果不再採取相應措施，共和國將因消極抵抗的大量支出，在數星期內宣告破產。」

一九二三年政府預算的第一季，即四月一日至六月三十日，政府支出一千八百六十億馬克，但稅收只有三百一十四億馬克。七月底負債高達五千八百億馬克。政府缺少外匯輸入糧食及煤，滿足廣大人民的需要，民怨沸騰，古諾內閣的聲望急速下降。聯合執政的友黨也開始對古諾首相的領導能力失去信心。國防部長戈斯勒（Otto Gessler, 1875-1955），德意志民主黨人，說：古諾「是共和國有史以來最軟弱的一位首相」。

古諾首相失去左、中、右派政黨的支持，自己也力不從心，無意苦鬥下去。在社會民主黨提出不信任案還沒有表決之前，就於一九二三年八月十二日提出辭職。

五、史特雷斯曼第一次內閣（1923年8月13日 —10月3日）

一九二三年八月十二日晚上九點四十五分，古諾首相向總統艾伯特提

出辭呈後，艾伯特馬上授權德意志人民黨主席史特雷斯曼（Gustav Stresemann, 1878-1929）組閣，次日任命為首相。八月十四日上午十時，史特雷斯曼召開了第一次內閣會議。組閣之快，在威瑪共和時期是史無前例。國難當頭，不能一天沒有政府處理危機，也是主因。

　　一九二三年是威瑪共和時期內憂外患、多災多難的一年。史特雷斯曼兩次組閣，一共執政不過一百零三天。在這段時期，國家的統一和存在遭受到來自內外的威脅：賠款問題、魯爾鬥爭、通貨膨脹、分裂活動、共產黨暴動、希特勒暴動，以及慕尼黑對抗中央等等。

圖51　一九二三年：殘障軍人街頭乞討。

　　史特雷斯曼在戰前任帝國議會議員時，主張無限制潛艇作戰，反對講和，是右派德意志人民黨的主席。自一九二一年起，逐漸放棄反威瑪共和

的政治立場。由於內政外交的諸多原因，史特雷斯曼擔心恢復帝制勢將引起內戰，外力干涉；沒有共和體制的基礎，也會減少合併奧國的機會。

為了解決當前的困局，史特雷斯曼組成了一個「大聯合政府」： 中央黨、德意志民主黨、德意志人民黨，還有社會民主黨。「大聯合」，顧名思義應該是一個強有力的政府，事實並非如此。參與執政的四個政黨，沒有組織聯合政府的協議。在要解決的重大問題方面，各黨態度如果一致，算是例外。基本上沒有共識，互挖牆角。八月十四日，史特雷斯曼向國會提出政府信任案。聯合四黨共有270席，表決結果有239票支持。換句話說，有31名議員，也就是「自己人」不是棄權、反對或缺席，就是不支持史特雷斯曼內閣。史特雷斯曼首相從開始就沒有一個穩固的執政基礎。

史特雷斯曼的基本構想是：在戰後的新形勢下，恢復德國在歐洲的強國地位，其手段是與西方國取得諒解，進行對話，尤其是法國。從國內的情勢來看，魯爾工業區是德國經濟的心臟地帶。沒有魯爾，就不可能有通貨穩定和改革；沒有穩定的貨幣，就不能按期償付賠款；不能按期支付賠款，就不可能與法國有持久的、令人滿意的關係，這也影響了此後修改凡爾賽和約的機會。因此首先要解決的是魯爾問題。一九二三年九月二十六日，史特雷斯曼首相宣佈結束魯爾地區的消極抵抗，他在政府聲明中指出：僅是上週，一個星期，為了支持萊茵及魯爾地區的鬥爭，政府就支出了三千五百兆馬克，下週的支出勢將加倍。如不馬上停止魯爾鬥爭，整個德國人民的生存就面臨空前危機。

在對外問題方面，內閣各黨部長，態度比較一致，但在內政方面，如社會問題、經濟措施等方面，難有共識。譬如為了提高生產效率，要解除八小時工作制的限制，就是一個例子。

勞工部長布勞恩斯（Heinrich Brauns, 1868-1939），中央黨人，基於

一九二三年秋天的經濟困局，於九月二十二日在內閣會議上提出「提高工作時間方案」，即礦工維持八小時工作制，但在其他經濟領域及行政機構方面，要根據情況需要提高工作時間。內閣同意。第二天，史特雷斯曼首相與各黨領導人交換意見。社會民主黨領袖穆勒在工會的壓力下表示，工會認為八小時工作制是一九一八年的革命成果，不能更改，因此反對內閣提高工作時間的方案。另外，社會民主黨也擔心共產黨人會利用反對改變八小時工作制來爭取工人。

十月二日，史特雷斯曼首相根據內閣決議發表政府聲明：在礦山方面維持八小時工作制，但在企業方面將根據情況需要提高工作時間。社會民主黨堅決反對。代表大企業和重工業利益的德意志人民黨，也就是首相自己的政黨，也不同意任何妥協方案。這回是自己人扯後腿。十月三日晚，內閣總辭。

從處理內外危機所得到的體驗中，執政各黨，特別是右派政黨，逐漸開始懷疑議會政體的功能，從而主張運用憲法第四十八條，採取「獨裁的措施」，應付變局。從布呂寧內閣開始，此一懷疑轉變而為堅定的信念。

六、史特雷斯曼第二次內閣（1923年10月6日 —11月23日）

一九二三年十月六日，史特雷斯曼第二次組閣，還是「大聯合」政府，內閣人事基本未變，只是財政和經濟兩個部長換了兩位無黨派人士。首相依然自兼外長。

當天，史特雷斯曼首相在國會發表政府聲明中指出：「我們必須坦白地說，由於財政面臨絕境，我們必須放棄鬥爭。」從結果來看，法國未能利用

佔領魯爾地區的優勢，達成使萊茵地區脫離德國的分化目的。對德國來說，結束魯爾鬥爭，就等於無條件投降，金錢物質的損失難以估計。另一個負面影響是，魯爾鬥爭使潛在的仇外、仇法情緒浮出表面，使過激的民族主義得到進一步的發展。

法國佔領魯爾，這是「國恥」。全國上下，不分左右，同仇敵愾，一致對外。但在結束消極抵抗之後，對外鬥爭的靶子消失了，這個「無能、出賣民族利益」的共和政府又成為眾矢之的；來自左翼、右派的顛覆活動，死灰復燃。一九二三年九月以後，內政危機達到高潮。八小時工作制問題，史特雷斯曼內閣沒有解決，只是拖下去。一直到一九二三年十二月，由馬克斯內閣根據緊急法令施行。引起史特雷斯曼第二次內閣危機的問題是，中央政府對巴伐利亞及薩克森地方政府的矛盾關係。

·慕尼黑造反

巴伐利亞地方政府一方面反對社會民主黨參加「大聯合」政府執政，另一方面在結束魯爾鬥爭後，反對與法國進行交涉，認為法國非法佔領魯爾，德國應該宣佈廢除凡爾賽和約。當時慕尼黑的激進右派分子加強宣傳活動，有發生暴動的危險，巴伐利亞政府乃於九月二十六日，魯爾鬥爭結束的當天，宣佈在巴伐利亞邦施行戒嚴，並任命卡爾（Gustav R. von Kahr, 1862-1934）為巴伐利亞邦政府的「特派專員」，也就是在戒嚴期間的最高行政長官。卡爾曾經參加卡普暴動，反對共和政府，要恢復巴伐利亞的王朝統治，是一個有名的保守主義者。

巴伐利亞的挑釁行為，使史特雷斯曼首相在當夜召開內閣會議。在總統的同意下，根據憲法第四十八條宣佈全國戒嚴，並由國防部長戈斯勒全權執行。在巴伐利亞，國防軍駐防巴伐利亞的第七師指揮官羅索將軍（Otto

H. von Lossow, 1868–1938）是該地區的最高執行長官。

內閣中社會民主黨的部長要求，在宣佈全國戒嚴之後，巴伐利亞政府要立刻收回地方戒嚴命令。但羅索將軍以地方情況特殊為由，相應不理，從而與中央唱對臺戲。史特雷斯曼首相，在德意志人民黨（社會民主黨的冤家對頭）的支持下，認為基於對內政外交處境的考慮，柏林應該儘量避免與巴伐利亞破裂。就在此雙方僵持不下的時刻，共產黨人在德國中部及北部進行暴動。

·薩克森聯共

一九二三年三月四日，薩克森地區的社會民主黨代表大會決議：拒絕與民主黨派組織聯合政府，要與共產黨人合作。三月二十日，社會民主黨的左翼分子蔡戈納（Erich Zeigner, 1886–1949）在社會民主黨及共產黨的全力支持下，當選為薩克森政府總理。十月五日，薩克森地區的共產黨宣佈有意加入政府，與社會民主黨聯合執政。

次日，國防部長戈斯勒及德意志人民黨的閣員認為，對薩克森的共產主義的威脅，要及時採取措施。這回又是社會民主黨的閣員唱反調，他們反對中央政府干預地方議會，同時抗議柏林對慕尼黑採取姑息政策，對薩克森則橫加干涉。史特雷斯曼首相還是保持「中立」，因為在延期賠款和穩定金融等急待解決的情況下，還要維持這個「大聯合」政府。

十月十日，薩克森政府改組，共產黨兩名議員加入政府，擔任財政及經濟部長；這是在政府中影響經濟、社會的兩個重要職位。另外，共產黨主席布蘭德勒（Heinrich Brandler, 1881–1967）擔任總理辦公室主任。據他自己的說法，其主要任務是，查明武器儲藏庫，武裝「無產階級百人團」。三天後，十月十三日，薩克森地區國防軍地區指揮官，也就是全國戒嚴期

間該地區的最高行政長官穆勒（Alfred Müller, 1866–1925）將軍下令解散
「無產階級百人團」。十月十九日，史特雷斯曼首相在內閣會議宣佈：國防
軍開入薩克森維持安定。十月二十七日，召開內閣會議。勞工部長布勞恩
斯認為，共產主義是威脅存在的最大敵人。國防部長戈斯勒則建議：對薩
克森政府總理蔡戈納採取撤職處分，同時成立一個沒有共產黨人的新政府。

　　為了考慮社會民主黨閣員的尷尬立場，政府決定書面要求蔡戈納總理
自動請辭。蔡戈納先是拒絕，十月底終於提出辭職。史特雷斯曼維持「大
聯合」政府的路線，引起德意志人民黨的不滿，指摘史特雷斯曼首相沒有
立場。社會民主黨更是不滿史特雷斯曼首相對薩克森採取差別待遇的做法，
乃於十一月二日提出「最後通牒」，要求政府也要對巴伐利亞採取軍事行動。
內閣拒絕。當天，社會民主黨的三位部長退出「大聯合」政府。內閣失去
多數，難以執政。

　　基於此一情勢，次日，十一月三日，塞克特將軍趁機打落水狗，說服
總統艾伯特：史特雷斯曼應該走路讓賢，建立一個有力的獨裁政權。總統
艾伯特授命塞克特試探組閣的可能性。塞克特電詢當時德國駐美大使魏德
菲爾特（Otto Wiedfeldt, 1871–1927）。這位不是外交出身的工業鉅子（前
克虜伯企業集團的董事）一口拒絕。

　　在德國的史學著作中，經常引用總統艾伯特在史特雷斯曼首相被迫下
臺後說過的一句話：「至於你們為什麼搞垮首相，六個星期之後就忘記了。
但在未來的十年中，你們會感受到你們愚蠢行為的後果。」塞克特將軍背後
搞陰謀，要建立獨裁政權，總統支持，有文獻為證。一般史學著作通常不
提這段插曲。上面艾伯特的那句名言，不無後人美化之嫌。

·德國的「十月革命」

　　一九二三年十月十日，社會民主黨與共產黨在薩克森成立了聯合政府。共產黨人參與執政，在德國的政黨史上還是「新生事物」；對柏林來說，這是一個紅色警報，是共產黨人奪權的第一步。

　　社會民主黨人期望在議會政治的基礎上，與共產黨聯合在中部成立一個「工人政府」，藉以對抗來自巴伐利亞保守分子的顛覆活動。早在同年三月，社會民主黨就與共產黨聯合組織了一個保護工人利益的「無產階級百

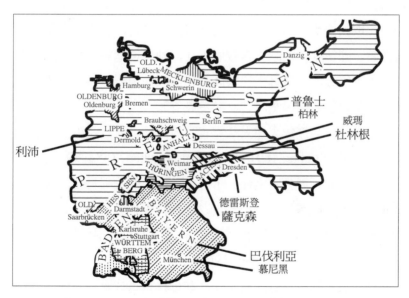

圖52　德意志共和國各邦領域圖（1918-1937年）
引自：Die Weimarer Republik. Ihre Geschichte in Texten, Bildern und Dokumenten.
Herausgegeben von F.A. Krummacher und Albert Wucher, Wiesbaden 1965, S.123.

人團」。對社會民主黨來說，沒有進行暴動在全國奪取政權的意思。至於共產黨要搞德國的「十月革命」，則有其國際背景。

由於魯爾鬥爭所引起的內外情勢，又使共產國際的注意力集中到德國。八月十五日，西諾耶夫從南部俄國渡假的地方發出指示給共產國際執行委員會：德國共產黨要在德共和共產國際的歷史上寫出新的一章，對即將來臨的革命高潮從事必要的準備。換句話說，要在德國建立蘇維埃政權，使德國成為世界革命中心。八月二十三日，俄共中央政治局開會，拉狄克、西諾耶夫及托洛斯基（Lew D. Trotzki, 1879-1940）一致認為，德國八月的情勢，可與一九一七年夏天的俄國相比。因此主張德共要在最近幾週或數月內採取決定性的革命攻勢。莫斯科同時決定，德國革命要從建立統一戰線開始，即德共參加薩克森政府工作，利用這個戰略性的崗位馬上武裝五萬至六萬工人。在杜林根採取同步措施（在中國，1923年1月共產國際指示中共黨員加入國民黨，建立統一戰線）。

十月十日，共產黨人加入薩克森政府工作，財政及經濟兩部由共產黨人擔任（Paul Böttcher, 1891-1975; Fritz Heckert, 1884-1936），德共主席布蘭德勒出任總理辦公室主任。十月十三日，財政部長在一次集會上公開要求武裝工人。同時，十月十六日，在杜林根地區，由社會民主黨及共產黨共組聯合政府，兩名共產黨人主掌經濟及法務兩部（Albin Tenner, 1885-1967; Karl Korsch, 1886-1961）。

共產黨人參加薩克森政府工作，在杜林根組成聯合政府完全合法，中央政府無置喙餘地，這與慕尼黑抗命中央不同。但在柏林無人懷疑：共產黨的真正企圖是，準備進行武裝暴動，推翻共和政府。

十月二十一日，德共在中部的奇米茨城召開工人大會。德共主席布蘭德勒要求大會宣佈進行總罷工，作為發動暴動的信號。大會反應冷淡，同

時出席大會的社會民主黨人勞工部長葛勞培(Georg Graupe, 1875-1959)
高聲反對，並以退出政府為要挾。德共從這次工人大會體驗到，共產黨在
工人階級中處於孤立局面，進行武裝暴動毫無勝利把握。當時，共產國際
決定派拉狄克前來柏林，坐鎮指揮，但德共在拉狄克到達之前就作出決議：
放棄進行暴動。就在十月二十一日這一天，國防軍部隊開進薩克森的各大
城市，控制局面。

　　但是兩天後，十月二十三日，在漢堡發生了共產黨人的暴動。據推測
是在左派分子塔爾曼的領導下的德共分部，不滿德共中央的退卻路線，要
以漢堡取代中部的薩克森進行革命。自十月二十三日至二十五日的漢堡暴
動，沒有工人響應。警察方面發表說，有五千人參加暴動。當時報界指出，
這是警方有意誇大。事實是，在這為期兩天的暴動中，有二十四名共產黨
人及十七名警察死亡。德國的「十月革命」就如此草草收場。當時，共產
國際及德共左派都指責德共領導人布蘭德勒的「機會主義路線」應對德國
「十月革命」的失敗負責。這是欲加之罪，何患無詞。

　　俄國十月革命以後，以列寧為首的共產黨人（1918年3月改名為「俄
國共產黨」）堅信：㈠必須在西歐進行社會主義革命；㈡首先要在工業先進
的德國進行革命；㈢建立共產國際，實現世界革命；德國是世界革命的中
心。

　　從一九二〇年共產國際的建立到列寧逝世（1924年），俄共在列寧的
領導下，全心全意實現以德國為中心的世界革命。那時候，莫斯科是理論
第一，還很謙虛；落後的俄國屈居世界革命的先鋒，工業先進、擁有廣大
無產階級的德國才是世界革命的中心。德國的「十月革命」失敗，特別是
列寧死後，莫斯科才放棄在德國、西歐進行社會主義革命的路線。史大林
宣佈「一國社會主義」，蘇俄從此開始稱霸。

圖53　一九二三年十月，漢堡共產黨人發動暴動。政府軍隊進行巷戰。

圖54　列寧的「世界革命」——
教皇加冕列寧為「歐洲皇帝」。(畫
家：Olaf Guldbransson, 1920年
9月)

一九二三年九月，蔣介石率領的「孫逸仙博士代表團」抵達莫斯科，
正是俄共領導人集中全力準備進行德國革命的時候。蔣介石在莫斯科觀光
旅遊，被俄共「冷藏」長達兩個月之久，對孫中山的軍事合作的「西北計
畫」，遲不答覆。這不是俄共有意慢待貴賓，而是受了德國「十月革命」
的影響。德國革命如果成功，世界革命的戰略情勢必將根本改變，對在東
方推行的民族解放運動也必然會有直接影響，但是德國的「十月革命」短
命，十月底大勢已去。這一點，蔣介石當時不知道，因此精神緊張，惶恐
不安，並要求進入療養院休息。十一月十一日，蘇俄政府革命軍事委員會
副主席史克揚斯基及陸軍總司令加米諾夫才接見蔣介石，俄方正式拒絕了
孫中山的「西北計畫」。俄方同意援助孫中山改組國民黨，建立革命武裝。

一九二三年九月蔣介石訪俄，與莫斯科在德國搞世界革命有密切關聯。
這一點，一般中德史學書籍很少論及。

・希特勒暴動

薩克森及杜林根事件，使社會民主黨在以大聯合為基礎的史特雷斯曼
內閣中的處境，十分矛盾。此外，社會民主黨對於八小時工作制、內閣授
權法等問題意見不同，無法取得共識，終於一九二三年十一月二日退出內
閣。接著在慕尼黑發生了希特勒暴動。

魯爾鬥爭引發了慕尼黑保守分子的造反和共產黨人在中部進行「十月
革命」。另一方面，極右的社團分子也蠢蠢欲動，其中三十四歲的希特勒是
一個突出人物。

一九二三年九月二日，也就是一八七〇年德軍在色當大勝法軍的紀念
日，而且是在魯爾鬥爭期間，希特勒領導的納粹黨與另外兩個極右社團在
紐倫堡聯合成立了「德意志戰鬥聯盟」，其目的是推翻「十一月罪人」的

圖55　一九二三年九月二日，即一八七〇年德軍在色當大勝法軍的紀念日，希特勒（圖中）在紐倫堡與另外兩個右派社團成立了「德意志戰鬥聯盟」，檢閱通過的納粹黨「突擊隊」隊伍。

共和國。這個聯盟並沒有發生預期的戰鬥作用。

　　德國的「十月革命」短命垮臺，共和政府渡過了來自左翼的顛覆危機。但是，中央與巴伐利亞地方政府的對立，並未解決，還處在僵持的局面。對於希特勒來說，這是一個千載難逢的大好機會。希特勒本來想與造反政府的人士合作，但又不敢完全相信，為了抓住機會，只有冒險單幹。

　　一九二三年十一月八日晚，民族主義的右派組織在慕尼黑著名的「市民地下啤酒館」開會。當時，巴伐利亞政府的主要人物都在場。希特勒命令突擊隊（Sturmabteilung/SA）包圍啤酒館，自己帶領十多人衝入大廳，最高行政長官卡爾正在演說。希特勒先向空中放一槍，全場肅靜，然後希特勒當眾宣佈「民族革命」已經開始了，巴伐利亞政府，還有柏林的中央政府都已經被廢黜了。希特勒說：「由我來接收政治領導」，並呼籲進軍柏

圖56　一九二三年十一月九日晨，納粹黨人的遊行隊伍，從「市民地下啤酒館」
出發，向慕尼黑市中心行進。

圖57　一九二三年十一月九日，來自外地的「突擊隊」隊員增援希特勒暴動。

圖58　一九二三年十一月九日，鎮壓希特勒暴動的志願軍士兵與指揮官羅斯巴哈（Gerhard Rossbach）在「市民地下啤酒館」黨指揮部前合影。

林。希特勒用手槍逼迫卡爾，還有在場的羅索將軍及巴伐利亞地方警察長官塞色（Hans Ritter von Seisser, 1874-1973）進入另一房間，要求他們三人加入他的「民族革命」。在手槍的威脅下，三人只好佯作支持。希特勒滿意地離開現場，準備次日的下一步活動（在德國的史學著作中，關於這段戲劇化場面的說法，不盡相同）。

　　這三位人士獲得自由之後，在啤酒館中就採取了對抗措施。羅索將軍下令武裝部隊待命出擊，警察首長塞色也動員警察全面戒備。次日晨，十一月九日，卡爾發表反抗希特勒革命的公開聲明。中午，有數千人參加的遊行開始，希特勒與魯登道夫走在隊伍前端。途中，警察包圍遊行隊伍，開槍射擊，強迫解散。十六名遊行分子及三名警察死亡。魯登道夫軍人本色，靜待被捕，希特勒則臨陣脫逃。三天後，鋃鐺入獄。希特勒的「民族

革命」就如此夭亡。

造反的巴伐利亞政府果斷而迅速地解決了希特勒的「革命」，使共和政府克服了來自極右的顛覆危機（1924年2月18日，中央政府與巴伐利亞地方政府達成諒解，卡爾辭職）。但是極右的德意志民族人民黨心懷不滿，於十一月二十日提出不信任案，在社會民主黨（於11月2日退出內閣）的支持下，國會多數通過。三天後，十一月二十三日，內閣請辭。史特雷斯曼兩次組閣，一共執政一百零三天，是共和時代最不幸的「百日內閣」。

在內閣辭職前夕，一九二三年十月十三日，根據總統公佈的緊急法令，進行經濟改革措施。兩天後，首先成立「地產抵押銀行」。一個月後，十一月十五日，發行新貨幣「地產抵押馬克」。政府沒有足夠的儲備黃金，只好動用工農業地產抵押，藉以換取生息的地產抵押銀行的票據，用來維持新貨幣的信譽。這是過渡時期的措施，但為幣制改革創造了先決條件。在當時內憂外患艱苦的處境中，而且是在沒有外援的情況下，內閣成功地完成改革措施，遏止通貨膨脹，穩定金融，對此後的經濟發展影響深遠，功不可沒。

第三章　安定繁榮 (1924–1930)

一、馬克斯第一次內閣 (1923年11月30日— 1924年5月26日)

社會民主黨搞垮史特雷斯曼內閣，再組「大聯合」政府，是一件不可能的事情。十一月三十日，中央黨主席馬克斯 (Wilhelm Marx, 1863–1946) 在原有的政黨（中央黨、德意志民主黨、德意志人民黨）基礎上，組成新閣；巴伐利亞人民黨派了一位「專家」入閣，不受該黨約束。加入政府工作的政黨，沒有任何聯合協議，各自為政，是一個少數派政府。前首相史特雷斯曼擔任外交部長。

馬克斯是法官出身，有長年的從政經驗。從一八九九年起任普魯士議會議員，一九一〇年進入國會，一九二一年任中央黨國會黨團主席，一九二二年接任該黨主席職務。馬克斯第一次內閣中間偏右，但馬克斯本人在政治上走中間路線，尋求妥協，不是一個有魄力的政府。

新閣的任務是，繼續施行幣制改革，整頓國家財政。但是政府沒有多數，諸多有關法令在國會難以獲得通過。因此內閣決定設法取得「授權法」。這個內閣「授權法」具有改變憲法的內涵，要在國會有三分之二以上的議員贊成才能通過。社會民主黨反對。最後一條路只有解散國會。社會民主黨擔心重選國會將有不利後果，乃於十二月八日妥協同意。政府取得「授

圖59　一九二三年十一月，
馬克斯博士出任首相，步行
前往國會大廈。

權法」，限期是到一九二四年二月十五日；在這段時間國會休會。

　　一九二四年二月二十日，國會恢復工作。反對黨提出諸多提案要求撤
銷政府在國會休會期間利用「授權法」公佈的有關稅制、工作時間等法令。
內閣及反對黨雙方堅不讓步。三月十三日，在提案付諸表決之前，馬克斯
在總統授權下，宣佈解散國會。各黨協議決定，第二屆國會選舉定於一九
二四年五月四日舉行。憲法規定，從宣佈解散國會到選舉國會不得超過六
十天。

・道威斯方案

　　國內動亂平定之後，馬克斯第一次內閣所面臨的對外問題，還是沒有
解決的賠償問題。一九二三年夏，事實證明當年（1921年）倫敦最後通牒
所規定的賠償要求，德國根本沒有履行義務的經濟能力。

　　從一九二四年初起，國際政治的大氣候發生了變化。一月二十二日，

圖60 道威斯（右）與楊格（左）

麥唐納（James R. MacDonald, 1866-1937）出組第一屆工黨內閣，對德國表示同情。法國也換了政府。一九二四年五月，斐恩喀下臺，左派社會主義者亨利奧（Edouard Herriot, 1872-1957）接任總理並兼任外長，有意與德國和解。基於德國的經濟困境，法、英兩國對於德國在放棄消極抵抗政策後提出修改賠償義務的要求，不再死不讓步。因此，協約國賠償委員會於一九二三年十二月十六日決定成立兩個專門委員會，研究德國的賠償問題。第一委員會由美國銀行及經濟專家道威斯（Charles G. Dawes, 1865-1951）主持，史學著作中稱之為「道威斯委員會」，負責審查德國的貨幣及國家預算問題，同時研究提出賠款的具體計畫。一九二四年四月九日，道威斯提出審查報告，其重點是：德國必須賠款，但德國也必須具有賠款的經濟能力。第二委員會以英國專家麥甘納為主席，就賠款問題負責審查資本外流，與道威斯同時提出報告。兩個報告內容相去不遠，但道威斯報告態度公正，計算精密，擔保建議可行，以及支付方法適宜。因此賠償委員會接納道威斯報告，稱為「道威斯方案」，並決定明年七月中旬在倫敦召

開會議討論。

·希特勒受審

　　一九二四年二月二十六日，慕尼黑的人民法庭開始審判希特勒等十餘
名暴動分子，罪名是：「顛覆國家叛逆罪」。其中之一是魯登道夫將軍，這
位第一次世界大戰期間的陸軍參謀首長，也是「救國英雄」，因「顛覆國
家叛逆罪」出庭受審，這是熱門新聞。在這一個多月的審判過程中，新聞

圖61　一九二四年二月二十六日，慕尼黑人民法庭開始審判希特勒暴動分子。
參加暴動的主要人物在法庭（前士官學校）門前合影。右起第四人是希特勒，
第五人是魯登道夫將軍。

記者雲集慕尼黑，全國各地大小報紙，每天都有詳盡地報導，使默默無聞
的「二等兵」希特勒在一夜之間成為全國的知名人物。希特勒也成功地利

用了這個難得的機會，自我宣傳，爭取同情。三月二十七日審判結束，希特勒身為暴動主角提出答辯，結尾時他說：

> 「各位先生〔法官〕，你們不能判決我們，只有歷史的永恆法庭才能作出判決。你們所能作出的判決，我知道。但是另外那個〔歷史〕法庭不會質問我們：『你們進行了顛覆國家的活動了嗎？』那個法庭會對我們，對參謀總長和他的軍官及士兵作出評斷說：『這些人都是德意志人，要為他們的祖國和民族尋求最美好的未來，從而甘心情願地進行鬥爭與犧牲。』你們可以上千次地說我們有罪，但是歷史的永恆法庭的女神會微笑地撕碎檢察官的起訴書和法庭的判決書，因為女神判我們無罪。」

圖62　一九二四年二月二十六日：審判布特勒暴動分子的1. 首席法官那哈特（左上第三人）；2. 被告希特勒；3. 被告魯登道夫；4. 前慕尼黑警察局長鮑斯納，出庭作證。

一九二四年四月一日，人民法庭宣佈判決。對於魯登道夫這位「救國英雄」，儘管證據確鑿，主審法官不敢判刑，網開一面，無罪釋放。希特勒被判五年的「堡壘監禁」和二百金馬克的罰款；六個月後可以假釋。當時

圖63　第一次世界大戰的「救國英雄」魯登道夫將軍，參加希特勒暴動，證據確鑿，但是主審法官宣判無罪。魯登道夫很神氣地離開法庭。

主持審判的法官那哈特（Georg Neithardt）偏袒被告希特勒，認為希特勒的動機是熱愛祖國，挽救國家危機，情有可原，從輕發落。威瑪共和時期的德國法官，大多數並不中立，基本上和軍方將領一樣，同情所謂「民族主義」右派，堅決反共。

「堡壘監禁」是在軍事上或政治上犯有違法行為，但未被剝奪公民權

的一種政治性監禁。在監禁期間，希特勒有如堡壘貴賓，身著日常便服，隨時接見訪客，享有通訊自由，至於報章雜誌不受限制，應有盡有。自七月起，希特勒開始著書：*Mein Kampf*，中文譯為：《我的奮鬥》；就內容而言，那是《我的鬥爭》。這是一本「暢銷書」有十六種譯本。從頭到尾看過的讀者不多，認真讀過的人又未信以為真。

　　希特勒被判決之際（4月1日）正是第二屆國會選舉前夕（5月4日）。左翼、右派的反動氣燄也反映到這次選舉中來。希特勒從此次暴動失敗中所得到的教訓是，放棄暴動路線，參加議會選舉，在選舉中爭取多數，用「合法手段」取得政權。

・第二屆國會選舉

　　道威斯方案提出之際（4月9日），　正是第二屆國會選舉活動進入高潮的時候；道威斯方案也是選舉活動的主題。

　　道威斯方案給德國帶來了很多好處，諸如減輕賠償、獲得貸款等等。但是這個方案附帶不少苛刻條件，不無「干涉內政」之嫌。譬如為了保證德國履行賠償義務，德國要以海關收入及四大稅收為抵押。此外帝國鐵路要私有化，以及帝國銀行要脫離中央政府的管轄，成為獨立的金融機構。這兩個機構（鐵路與銀行）要接受協約國賠償委員會的監督和管理等等。這些「干涉內政」的條件，又給進行選舉活動的左右政黨以攻擊政府的藉口。右派說：「道威斯方案是新版凡爾賽和約」。共產黨則大喊：國際資本主義要徹底榨取德國人民，德國是「紐約股票市場的殖民地」。

　　五月四日，第二屆國會選舉，共有大小黨派二十三個參加。在反道威斯方案的氣氛下，參加執政的三個政黨（德意志民主黨、德意志人民黨和巴伐利亞人民黨）都有損失。中央黨（少了1席）和社會民主黨（少了2席）

算是維持現狀。最大的贏家是極右的德意志民族人民黨，由71席增為95席。共產黨的成果更是驚人，由4席增為62席。納粹黨第一次參加國會選舉得了32席，成績也很可觀。

執政黨選舉失利，內閣面臨的問題是：總辭或改組。執政黨中的德意志人民黨舊調重彈，力主拉攏極右的德意志民族人民黨入閣。但是外長史特雷斯曼堅持德意志民族人民黨在入閣之前，要放棄反對道威斯方案的立場。沒有共識。五月二十六日，在德意志人民黨的逼迫下，內閣總辭。

一九二四年五月四日第二屆國會選舉，主要政黨得票結果如下：

	1924	(1920)
選民總數（百萬）	38.375	(35.949)
投票總數（百萬）	29.709	(28.463)
投票比率（％）	77.4％	(79.2％)
總席位	472	(459)

	得票（百萬）	(1920)	比率	(1920)	席位	(1920)
社會民主黨	6.009	(6.104)	20.5％	(21.7％)	100	(102)
中央黨	3.914	(3.845)	13.4％	(13.6％)	65	(64)
德意志民主黨	1.655	(2.333)	5.7％	(8.3％)	28	(39)
德意志人民黨	2.694	(3.919)	9.2％	(13.9％)	45	(65)
巴伐利亞人民黨	0.946	(1.238)	3.2％	(4.2％)	16	(21)
德意志民族人民黨	5.696	(4.249)	19.5％	(15.1％)	95	(71)
納粹黨	1.918	（－）	6.5％	（－）	32	（－）
德國共產黨	3.693	(0.589)	12.6％	(2.0％)	62	(4)

二、馬克斯第二次內閣（1924年6月3日—12月 15日）

一九二四年五月二十六日，馬克斯第一次內閣總辭後，總統艾伯特即授命馬克斯負責組閣。六月三日，馬克斯第二次內閣組成；原班人馬，各就各位，只是少了那位巴伐利亞人民黨的「專家」部長。新內閣的主要課題還是賠償問題。

·倫敦會議

一九二四年四月九日道威斯提出的審查報告，只是一個專家委員會的意見書，還要完成協約國確認的手續。這就是於一九二四年七月十六日至八月十六日召開的倫敦會議的主要任務。會議的第一階段，沒有德國代表參加，協約國代表進行事前磋商。英、美代表對德國的願望表示諒解。會議進入第二階段後，即八月五日，馬克斯首相率領代表團前往倫敦，外長史特雷斯曼同行。

倫敦會議根據道威斯方案規定德國：

㈠每年賠款的數目是二十四億金馬克，自一九二八－一九二九年起履行；

㈡在至一九二八年這四年的過渡期間，每年的賠款數目是從十億金馬克開始，逐漸增加；

㈢在這四年過渡時期的第一年，獲得國際貸款八億金馬克。

　　賠償問題與法國佔領魯爾及萊茵地區有密切關聯。法國人視魯爾工業區為「生產性抵押品」，對德國人來說，這是「國恥」，也直接影響了德國的工業發展。外長史特雷斯曼表示，德國接受道威斯方案，但要求同時解決法國撤出魯爾及萊茵地區問題。撤出魯爾問題是倫敦會議議程上沒有的題目。在英國首相麥唐納的支持下，法國總理亨利奧最後同意，並於八月十六日，倫敦會議的最後一天，法、比兩國代表正式發表聲明：會議後開始逐漸撤出萊茵地區，在一年之內完全撤出魯爾地區。同日，有關道威斯方案的倫敦協定簽字。

　　倫敦會議沒有規定德國賠款的最終數目。但是國際貸款的決定，對德國的影響頗大：工廠革新，生產提高，出口增加，經濟日趨繁榮，並導致政治上的安定局面。自一九二四年起，德國進入所謂「黃金的二十年代」。

圖64　在「黃金的二十年代」，跳舞是社交活動的主要項目，尤以查理斯頓舞，風靡全國。（畫家：Aquarell von Lutz Ehrenberger, 1926）

・第三屆國會選舉

　　八月二十九日，德國國會多數通過接受道威斯方案。右派政黨及社會民主黨投票支持，但非心甘情願，小動作接踵而來。為了執行道威斯方案，政府必須制定諸多相關法令。右派政黨不支持，社會民主黨及共產黨也持反對態度。

　　馬克斯第二次內閣的執政三黨在國會共有138席（中央黨65，德意志民主黨28，德意志人民黨45），是總席位（472）的三分之一強。在國會通過有關道威斯方案的法令要有三分之二的議員同意。因此馬克斯首相還要尋求合作對象。德意志人民黨藉此機會，再度舊話重提，於九月二十五日正式要求內閣允許極右的德意志民族人民黨加入執政，同時表示拒絕有社會民主黨參加的大聯合政府。馬克斯首相反對，擔心政治上的右轉，會使社會民主黨在內政和外交方面更為強烈地反對政府。在這種情形下，中央黨及德意志民主黨主張維持現狀，但德意志人民黨堅持拉攏德意志民族人民黨聯合組閣。妥協無望，內閣在國會又沒有多數，馬克斯首相取得總統同意後，於十月二十日宣佈解散國會。

　　一九二四年十二月七日舉行第三屆國會選舉。這是說，在半年之內，進行了兩次國會選舉。這次選舉的情況與前次不同，結果也不一樣。在國內，來自左右的顛覆活動已經平定下來。至於賠償問題，倫敦會議對德國修改履行義務的要求，也有了較為合理的措施。法國也同意逐漸撤出佔領地區。自一九二四年十月十一日起改用「國家馬克」（等於金馬克），用來代替「地產抵押馬克」後，通貨穩定，老百姓的日子日見好轉。選民不要暴動，不要革命，要在安定中求繁榮的願望也反映到這次選舉中來。

　　第三屆國會選舉的結果是，共產黨由62席減為45席。納粹黨失去18席，

只有14席。中間的民主黨派少有斬獲，最大的贏家是社會民主黨，由100席增為131席。德意志民族人民黨多得五十多萬張選票，席位由95增為103席，出人意外。

第三屆國會選出的一星期以後，十二月十五日，馬克斯第二次內閣總辭。根據總統授命，繼續維持政府工作至一九二五年一月十五日。馬克斯的兩屆內閣一共執政一年有餘，三百七十二天。

一九二四年十二月七日第三屆國會選舉，主要政黨得票結果如下：

	(1924／三)	(1924／二) ❶
選民總數（百萬）	38.987	(38.375)
投票總數（百萬）	30.704	(29.709)
投票比率（%）	78.8%	(77.4%)
總席位	493	(472)

	得票（百萬）	(1924／二)	比率	(1924／二)	席位	(1924／二)
社會民主黨	7.881	(6.009)	26.0%	(20.5%)	131	(100)
中央黨	4.119	(3.914)	13.6%	(13.4%)	69	(65)
德意志人民黨	3.049	(2.694)	10.1%	(9.2%)	51	(45)
德意志民主黨	1.920	(1.655)	6.3%	(5.7%)	32	(28)
巴伐利亞人民黨	1.134	(0.946)	3.7%	(3.2%)	19	(16)
德意志民族人民黨	6.206	(5.696)	20.5%	(19.5%)	103	(95)
納粹黨	0.907	(1.918)	3.0%	(6.5%)	14	(32)
德國共產黨	2.709	(3.693)	9.0%	(12.6%)	45	(62)

---

❶ 第二屆國會選舉於一九二四年五月四日舉行。

三、路德第一次內閣（1925年1月15日—12月5日）

　　馬克斯第二次內閣辭職後，費時月餘，於一九二五年一月九日，無黨派的路德受命組閣。當時可以組織聯合政府的政黨有六個：社會民主黨、中央黨、德意志民主黨、德意志人民黨、巴伐利亞人民黨和極右的德意志民族人民黨。社會民主黨主張實現「威瑪聯合」（社會民主黨、中央黨及德意志民主黨），德意志人民黨，堅持拉攏德意志民族人民黨入閣。雙方立場堅定，毫無妥協餘地，社會民主黨退出組閣談判。路德建議：在沒有政黨協議的方式下，中央黨、德意志人民黨、巴伐利亞人民黨及德意志民族人民黨各出一名親信人物入閣，其他閣員職位由各黨推薦專家擔任。各黨同意，但中央黨要求，德意志民主黨的前國防部長繼續留任。因為這不是一個正式的聯合政府，一九二五年一月十五日國會用通過「政府聲明」的方式算是承認新閣。當天晚上，總統艾伯特任命路德為首相。德意志民族人民黨痛恨威瑪共和，攻擊不遺餘力，這是首次參加政府工作。內閣在國會沒有多數。

　　路德（Hans Luther, 1879-1962）是法學博士，經濟專家。自一九〇七年起參加行政及地方議會工作。一九一八年任工業城市艾森市長。一九二二年在古諾內閣任糧食部長，一九二三年／一九二四年在馬克斯內閣任財政部長，對穩定幣制及執行道威斯方案貢獻良多。路德是無黨派人士，政治上中間偏右，一九二六年加入德意志人民黨。

圖65　一九二五年一月十五日，路德博士（左）出任首相，史特雷斯曼擔任外長。

·艾伯特逝世

一九二五年二月二十八日，總統艾伯特因盲腸炎突然去世，不到五十四歲。當時國會的一個委員會正在調查總統是否與一件賄賂醜聞案件有關。總統艾伯特為了避免給人藉口，說他因為「政治病」入院，躲起來了。因此堅持等待調查結果，「還我清白」，未能及時治療，病情惡化，盲腸炎變成腹膜炎，不治身死。

威瑪共和初年，政情不穩，經濟破產，內憂外患，國無寧日。在這多災多難的年代裡，艾伯特可以說是共和國的中流砥柱。艾伯特原是社會民主黨的主席，當選總統後，他誓言不為某一政黨、某一階級服務，而要代表全民利益。此一信念，艾伯特信守不渝；鞠躬盡瘁，死而後已。

艾伯特出身低微，曾是鞍具匠徒工。自修苦讀，力求上進，不久擔任北德布萊梅市社會民主黨黨報記者，同時從事黨的基層組織工作。一八九六年任布萊梅地方議會議員，一九〇五年任柏林社會民主黨中央委員會主

任秘書，一年後接任主席職務。艾伯特由於出身低微，當上這個大家都討厭的共和國總統之後，就成為社會上嘲笑的對象：「這個鞍具匠徒工坐在總統寶座上？怪不得一直還會聞到從他做工時帶來的皮革味道！」

　　艾伯特於一九一九年一月十一日當上總統的那一天，《每日展望報》的社論就稱他為「過渡總統」。艾伯特在任期間，要不斷應付來自左翼和右派的人身攻擊。訴訟案件多達一百五十起，有時還要總統親自出庭。右派要鬥倒鬥臭這個共和國總統，因為保守分子無法接受一個出身鞍具匠的徒工代表國家，再加上「第一夫人」曾為女傭。至於左翼人士則堅決反對這個「背叛工人階級的叛徒」。艾伯特去世後，共產派及右派議員在國會討論國葬問題時，拒絕由政府擔負艾伯特的葬禮費用。

・興登堡當選總統

　　艾伯特當年（1919年2月11日）由國民議會選為臨時大總統。一九二二年十月二十二日國會又以三分之二的多數「延長」總統任期至一九二五年六月三十日。這是一種權宜之計，因為當時國內政情不穩，進行總統選舉活動，可能引起不良後果。

　　艾伯特於一九二五年二月二十八日逝世，總統職位出缺，定於同年三月二十九日由人民直接選舉。第一輪投票結果，七位候選人中沒人取得絕對多數。第一輪投票失敗後，有意左右選舉的政黨，重新整合，形成三大集團：㈠共產黨及左翼依然支持塔爾曼為參加第二輪選舉的候選人。㈡人民陣營：「威瑪聯合」黨派及中間黨派高舉黑、紅、金共和國三色大旗，推出前首相馬克斯為總統候選人。㈢帝國陣營：由德意志人民黨及德意志民族人民黨高舉黑、白、紅三色帝國大旗，推出興登堡為候選人。

　　興登堡與艾伯特不同，出身貴族，大地主，官拜陸軍元帥，是第一次

世界大戰期間在東部戰線，以寡敵眾，轉敗為勝的「救國英雄」。 七十七歲的老帥出馬，不僅餘威尚在，主要的是，這位象徵性的人物，又使德國人在心靈裡回到過去光輝的年代，期待這位老帥能再次把德國從屈辱的困境中救出來。

一九二五年四月二十六日，舉行第二輪投票，多數當選。興登堡獲得一千四百六十五萬張選票（48.5 %），比馬克斯多出九十萬張選票（45.3%），塔爾曼只得一百九十萬張選票（6.4%）。如果這位共產黨人不參選攪局，拉走選票，馬克斯可以當選。

五月十二日，興登堡宣誓就職。法國報紙 *Temps* 評論說：「興登堡之當選，說明德國人不想承認第一次世界大戰的失敗。」當時右派慶祝興登堡當選總統的口號之一是：「舊普魯士又回到新德國的懷抱中來了。」換句話說，這位擁護君主主義的保守將領是皇帝的化身。此後在諸多官式慶典中，共和國總統興登堡身著帝國陸軍元帥的全副武裝亮相，也就不足為奇了。

一九二五年四月二十六日總統選舉第二輪投票結果：

	得票總數	比率
興登堡	14,655,641	48.3%
馬克斯	13,751,605	45.3%
塔爾曼	1,931,151	6.4%
其他	13,416	0.0%

‧洛加諾條約

在對外關係方面，外長史特雷斯曼認為，法德關係是決定德國命運和歐洲未來的核心問題。法德關係必須和解。法國的問題是，法國迄今沒有從凡爾賽和約中獲得戰後在歐洲的霸權地位。換言之，面對有朝一日來自

圖66 一九三〇年：共和
國總統興登堡身著帝國元
帥軍裝，在柏林國會大廈
前，檢閱三軍儀仗隊。左
後第一人是公子歐斯卡。

圖67 一九三一年：共和國總統興登堡全副武裝，在柏林外交部前接見外賓。

德國的潛在威脅，法國並未取得安全保障。一九二四年過去之後，法國應
該採取撤出萊茵地區的步驟，但法國按兵不動，又以德國未能履行賠償為
藉口，拒絕按照協議先後撤出萊茵及魯爾地區。

一九二五年二月九日，外長史特雷斯曼在首相和内閣都不知情的情況
下，以私人名義致函法國總理兼外長亨利奧，懇切陳述法國必須撤出佔領
地區的利害，並建議由相關國家共同簽署安全條約。經過半年多的醞釀，
一九二五年十月五日，在瑞士南部的洛加諾城（Locarno）召開國際會議，
有七國參加：法、英、德、意、比、波蘭及捷克。

法國要把盟友波蘭及捷克納入新的安全體系，德國拒絕。因為德國與
波蘭還有很多邊界問題有待解決。在英國的支持下，法國讓步。會議要求
德國加入國際聯盟。英、法的意思是，加入國聯後的德國，在必要時參加
對蘇俄的國際制裁以及允許法軍通過德國。史特雷斯曼反對，強調只有在
一種「與德國軍事情況相一致並考慮到德國的地理位置的情況下」，才同意
參加制裁。這一點得到會議的默認。

一九二五年十月十六日，會議結束，一共簽署了八個條約，總稱：「洛
加諾條約」，其主要内容是：

- 德國承認德、法、比三國的現有邊界，放棄艾爾薩 —洛林根 (El-
  sass-Lothringen)，以及接受萊茵邊界的軍事中立化；
- 爭議問題由仲裁法庭解決，德波以及德捷問題亦然；
- 德國加入國際聯盟；
- 法、比撤出萊茵地區。

洛加諾條約，對德國來說，特別是外長史特雷斯曼是可圈可點的外交

成就。但是這個條約的簽署，又引起德國右派對政府的無情攻擊。左翼共產黨人也不放棄挑釁的大好機會，反對德國被資本主義國家牽著鼻子走。十月二十五日，德意志民族人民黨的三位部長不滿洛加諾條約，退出政府，因為他們認為放棄艾爾薩－洛林根以及萊茵地區的軍事中立化，使法國長期地取得戰略優勢。但是，路德首相指出：「我們通過洛加諾條約才舖好了鐵軌，從這條車軌上我們可以繼續前進，挖空凡爾賽和約。」十一月二十七日，在社會民主黨的支持下，國會以292票對174票通過接受洛加諾條約。

德意志民族人民黨退出政府，內心不服，只有背後搞鬼。當年該黨推出興登堡為總統候選人，現在則希望老帥拒絕簽字，阻止條約生效。興登堡總統不贊成洛加諾條約，但無意當歷史罪人，十二月一日，還是乖乖地簽了字。德意志民族人民黨的三位重要閣員（內政、財政及經濟部長）退出政府，路德首相難以繼續執政。洛加諾條約生效後，完成歷史任務，乃於十二月五日提出辭呈。總統授命在過渡時期，繼續執行政府工作。路德第一次內閣執政半年多，二百二十三天。

四、路德第二次內閣（1926年1月20日—5月12日）

路德第一次內閣辭職（12月5日）後，組閣問題困難重重；主要是社會民主黨反對參與政府執政，要在國會當反對黨。一九二六年一月十五日，總統授命路德組閣。四天後，路德取得中央黨、德意志民主黨、德意志人民黨及巴伐利亞人民黨的共識，共同組成一個「中立的中間內閣」。由於德意志民族人民黨搞垮路德第一次內閣，這次組閣路德就不予考慮了。

一九二六年初，德國在外交方面的主要工作是，籌備加入國際聯盟，

並要求在理事會中取得常任理事席位，各方反應良好。二月初，德國獲悉，英、法同意波蘭也要在理事會獲得席位。德國反對，因為這樣勢將增加修改東部邊界要求的困難。因此內閣決議，必須全力阻止波蘭加入理事會。這個問題一直拖到九月，德國加入國際聯盟後才獲得解決。

·德俄柏林條約

外長史特雷斯曼的外交政策是：對西方國家，特別是法國，尋求諒解與合作；對東方的蘇俄，保守中立。

一九二四年八月十六日，倫敦會議通過道威斯方案並由德國接受之後，蘇俄深深感到已被「圍剿」的威脅。年底，十二月，蘇俄政府向德國建議：雙方締結秘密的中立條約，不參與針對德國或蘇俄所進行的有關軍事、政治及經濟方面的任何活動。蘇俄的用意是，防止德國一面倒向西方，解除後顧之憂。此外，蘇俄也不樂見德國加入國際聯盟，因為蘇俄認為，這樣會使德國成為西方反俄列強的「附庸」。德國外交部對蘇俄的建議，採取拖延戰術，因為德國首先要處理對西方國家的關係。

一九二五年初，外長史特雷斯曼向西方國家建議簽署安全條約，國際聯盟又要德國加入──蘇俄不是國際聯盟的成員，這些事實又加深蘇俄對德國的懷疑與恐懼，不能坐視。一九二五年六月二日，蘇俄政府授命其駐柏林大使向德方提出一份語帶威脅的備忘錄：如果德國偏離拉巴洛條約所制定的路線，蘇俄勢將採取相關措施。德國加入國際聯盟將對因拉巴洛條約兩國在政治上、經濟上所建立的友好關係，發生不良後果等等。同年九月底，在洛加諾會議之前，蘇俄外長齊契林又親自來到柏林，面晤外長史特雷斯曼，企圖阻止德國與西方國家尋求諒解與合作的行動。

在洛加諾條約簽字之後，史特雷斯曼才與蘇俄進行交涉，努力說明德

國簽署洛加諾條約以及加入國際聯盟不是針對蘇俄的敵意行動；為了證實德國的誠意，願意給予蘇俄文字上的保證。一九二五年底，蘇俄政府要求進行有關德俄中立條約的談判。一九二六年四月二十四日簽署了「柏林條約」：德國與蘇俄在捲入第三國的糾紛的情況下，有義務嚴守中立，並不參加制裁。換言之，根據此約，德國向蘇俄保證，德國不會參與國際聯盟可能對蘇俄執行的制裁行動，消除蘇俄對德國的懷疑與恐懼。

洛加諾條約和柏林條約的簽訂，以及德國加入國際聯盟並取得常任理事席位，使德國恢復了在國際舞臺上的平等地位。

・國旗條例事件

德國在外交上剛剛獲得一個喘息的機會，一九二六年五月又發生了「國旗條例事件」，終於導致內閣垮臺。

威瑪憲法第三條規定：「國旗的顏色是黑、紅、金。商船旗的顏色是黑、白、紅，在旗的右內角附加四方形的國旗顏色。」

黑、紅、金三色旗是十九世紀初，在進行德意志統一運動中產生的「革命」顏色。維也納會議後不久，一八一五年六月，耶納大學學生組成「學生聯合會」，提出「榮譽、自由、祖國」的口號。他們使用黑、紅、金三色標誌，因為當年參加反法「解放戰爭」的志願軍的制服是黑色，紅色鑲邊，金黃色鈕釦。

威瑪憲法規定國旗的顏色是黑、紅、金三色，是承襲「革命傳統」（今天聯邦德國的國旗也是黑、紅、金三色）。這是當時制憲的國民議會中少數進步人士的崇高理念，但不為帝國時代的過來人所接受。因此，雙方妥協，規定商船旗的顏色是黑、白、紅。因為當年普魯士的顏色是黑、白，漢薩城市的顏色是白、紅；在普魯士操縱下的「北德意志聯盟」旗幟的顏色是

黑、白、紅。一八七一年「德意志帝國」建立後，也是承襲傳統，帝國國
旗採用黑、白、紅三色。黑、紅、金或黑、白、紅的顏色之爭，其實就是
一個政治體制的問題：恢復帝制或是認同共和。

威瑪憲法第三條關於國旗及商船旗顏色的規定，是一個妥協產物，沒
有根本解決問題。帝國時代在海外享盡特權的德國僑民深表不滿，國內的
右派分子也是拒絕接受黑、紅、金三色共和國旗。總統興登堡就是其中之
一。

一九二五年五月初，路德首相在內閣會議上報告，他將修改自一九二
一年起實施的「國旗條例」，因為漢堡市政府的有力人士表示，海外德僑都
懷念帝國時代的光輝，只願接受黑、白、紅三色的帝國國旗是祖國的象徵，
並因此發生諸多德僑與德國駐外機構的爭執。為了加強海外德僑對祖國的
聯繫，路德首相建議：憲法規定的黑、白、紅三色商船旗可與黑、紅、金
三色國旗並用。一九二六年五月五日，政府公佈總統命令：「在歐洲以外地
區以及有貿易商船航行的歐洲地區的駐外使館及領事館同時懸掛商船旗。」
這是說，德國的駐外機構，除了懸掛正式的黑、紅、金三色共和國旗外，
也要高懸黑、白、紅三色商船旗——帝國國旗。「一國兩旗」，這也是德意
志共和國的怪事之一。

上述國旗條例公佈後，社會民主黨要提出對內閣的不信任案。德意志
人民黨與社會民主黨不同，不反對內閣，但要提出對路德首相的不信任案。
五月十二日，國會進行表決。社會民主黨提出的不信任案未獲多數，失敗。
但是德意志人民黨反對路德首相的不信任案，在德意志人民黨、社會民主
黨和共產黨的支持及德意志民族人民黨棄權的情形下，多數通過。路德憤
恨友黨拆臺，當天辭職，並且違反常規，拒絕在新閣成立之前，繼續執行
政府工作。總統授命國防部長戈斯勒代行首相職務。次日，十三日，內閣

總辭。

　　路德首相因為「國旗條例」而下臺，但「國旗條例」依然有效，至一九三三年納粹掌權為止。「唐恩堡戰役紀念塔」（Tannenberg–National-denkmal, Hohenstein）落成典禮就是一個典型的例子。

　　一九一四年八月二十六日至三十日，興登堡及魯登道夫指揮第八軍，在東部戰線採取攻勢；在東普魯士的唐恩堡以寡敵眾，轉敗為勝，俘虜俄兵多達九萬二千人。一九二七年九月十八日，舉行「唐恩堡戰役紀念塔」落成典禮，這是一個由一道圓形圍牆把八個高達三十七米的高塔聯接起來的一個龐大的建築物。共和國總統興登堡身著帝國元帥的全副武裝出席落

圖68　一九二七年九月十八日，共和國總統興登堡，身著帝國元帥軍裝（前左一），出席主持「唐恩堡戰役紀念塔」落成典禮。

成典禮，並在致詞中說：德國對第一次世界大戰沒有任何戰爭責任。會場
一片旗海——黑、白、紅三色的帝國國旗，不是「商船旗」。興登堡好像不
是共和國的總統，而是德意志帝國復活的象徵。一九三四年興登堡死後葬
於此地。一九四五年希特勒下令炸毀，以免被紅軍佔領，鞭屍，摧毀。第
二次世界大戰後，波蘭人用「唐恩堡戰役紀念塔」廢墟的磚瓦——上等建
材，重建家園。

五、馬克斯第三次內閣（1926年5月17日—12月17日）

　　路德辭職後，組閣又面臨老問題。德意志民族人民黨反對洛加諾條約，
也反對德國加入國際聯盟，不能拉攏入閣。至於社會民主黨因為退位貴族
領主財產補償問題，還有待公民投票表決，暫時不想參政。五月十五日，
史特雷斯曼在一次代理內閣會議上建議，由中央黨人，即現任法務部長馬
克斯出任首相。當天，總統興登堡召見馬克斯，授命組閣。五月十七日，
馬克斯第三次內閣由中央黨、德意志民主黨、德意志人民黨及巴伐利亞人
民黨四黨組成，也就是路德第二次內閣的原班人馬，各就各位（法務部長
由中央黨人貝爾接任）。

　　一九二六年五月十九日，馬克斯首相在政府聲明中指出：五月五日公
佈的「國旗條例」有效。沒人反對。國旗條例因路德下臺而不再是內閣爭
論的問題。但自一九二六年初起，在各地方政府與退位的貴族領主之間，
發生了財產補償問題，從而演變為內政的焦點。

　　六月十五日，內閣提出並經總統同意的「貴族領主財產補償法令草案」，
在國會進行一讀。社會民主黨及共產黨主張對沒收貴族領主的財產不予補

償，要多多考慮地方政府及勞苦大眾的利益。德意志民族人民黨認為沒收
貴族領主財產是一項違憲行為，為了維護貴族領主的利益，要求修改草案。
政府提出的這個法令草案，有改變憲法的內容，在國會要有三分之二的多
數才能通過。在社會民主黨和德意志民族人民黨都反對的情形下，政府於
七月二日三讀之前收回法令草案。暫時採取退卻戰術，以待有利時機。

・德國加入國聯

　　一九二六年九月八日，國際聯盟大會一致通過決議：德國加入國際聯
盟，並且在理事會擁有常任理事席位。創立國際聯盟是美國總統威爾遜的
信念，但在國際聯盟成立之後，美國並沒有發揮舉足輕重的作用。國際聯
盟不外是戰勝國維持戰後現狀及其利益的一個國際組織。德國及蘇俄被排
除在外。

　　德國加入國際聯盟說明，從現在起，德國是國際社會中擁有平等地位
的一員，不再是被凡爾賽和約判決的「戰犯」。九月十日，當由史特雷斯曼
外長率領的三人代表團進入會場時，大會出席代表起立歡呼，掌聲不斷；
各國代表趨前致賀，直到德國外長致辭時，場面才平靜下來。

　　外長史特雷斯曼發表一篇情詞並茂，感人至深的演說。結尾時他指出：
「在尋求和平方面，最有保障的基礎是，實現在民族之間進行諒解和尊重
的政策。德國在加入國際聯盟之前，就已經在和平共處方面做出努力，洛
加諾條約就證明是德國採取主動。……德國政府今後會堅定不移地繼續推
行此一政策。」

　　第一次世界大戰後的國際問題，就是歐洲問題。法國外長布里安和史
特雷斯曼一致認為，解決歐洲和平的鑰匙是德法關係。因此，兩位外長於
大會結束後，在法國接近瑞士邊境的小城特利（Thoiry）舉行會談，討論

兩國諸多懸案的根本問題及其解決辦法。但是會談止於交換意見，沒有具體結果。因為法國外長所面臨的情況跟德國一樣；右派及軍方反對任何諒解。

・塞克特下臺

興登堡當了總統之後，在軍事領導方面也發生了諸多變化。

塞克特將軍自一九二〇年擔任陸軍總長以後，一人當家，在他領導下的國防軍是共和國中的「獨立王國」。根據憲法，前總統艾伯特是三軍統帥，但是這位鞍具匠徒工出身的總統，毫無置喙餘地，有時還要依靠槍桿子來解救顛覆危機。現在情勢不同。總統興登堡是「救國英雄」，是皇帝親封的大元帥。雖然倆人都是君主主義分子，反共的死硬派，政治立場相同，但不投機，無法和平共存。

一九二六年九月底，國防軍第九步兵連隊舉行秋季演習。普魯士王儲威廉請求准其長子參觀演習。塞克特認為都是自己人，未加考慮，批准照辦。問題是，這位王儲長子身著帝國時代的軍裝亮相，引起輿論攻擊。國

圖69　一九三四年九月，塞克特將軍在大批武裝士兵的護衛下，遊覽長城。

圖70　塞克特將軍的專車（左），在曲阜會晤十三歲的孔德成（右）

圖71　蔣委員長送給塞
克特將軍的伉儷玉照。

防部長戈斯勒要求塞克特馬上辭職。十月八日，總統興登堡未予挽留，批
准辭呈。

　　三十年代初，納粹當權以後，塞克特被冷藏起來。一九三四年／一九
三五年兩度來華，在南京政府擔任軍事顧問。塞克特在他的回憶錄中說：
蔣介石把他視為「軍事的孔夫子」。

　　國旗條例事件及塞克特下臺，在在說明「帝國」的陰魂不散，到處興
風作浪。上自總統、軍事將領、右派政黨，下至為數不少的中小市民，緬
懷光輝的帝國年代，不滿共和政權。在這樣的土地上，年輕的共和國如何
能健全地成長起來?!

・德俄秘密軍事合作

　　上面提到，塞克特將軍是一位君主主義分子，反共的死硬派。身為陸
軍領導人，更是反對凡爾賽和約，尤其是限武條款。塞克特要恢復德國在
帝國時代的霸權地位，決心重整武裝。

　　根據凡爾賽和約，德國的常備兵力不得超過十萬人，不得擁有現代化
武器，如裝甲車、戰鬥機、潛水艦等。塞克特的對策是，精選軍官與兵員，
嚴格訓練，並延長服役年限至十二年。有朝一日德國可以擴軍的時候，這
十萬精兵就是擴軍的基本幹部與隊伍。三十年代，塞克特在中國為南京政
府訓練「教導團」，就是根據此時訓練精兵的經驗。

　　要想恢復德國在軍事上的強國地位，只是擁有十萬精兵，還是無濟於
事，必須同時在其他方面重整武裝。當時，協約國在德國派有專人監視德
國的軍事活動及限武措施。因此只有在德國以外尋找地盤，秘密進行重整
武備的活動。在考慮到地理、軍事、外交及國內政情等因素以後，當時只
有孤立的、布爾什維克主義的蘇俄可以滿足德國秘密重整武備的要求。

　　一九一九年十月至十二月，德國軍方就已經對拉狄克透露了德俄合作
的訊息，沒有回應（見第二章：三、維爾德第二次內閣：拉巴洛條約）。一
九二〇年八月二十五日及二十六日，塞克特的土耳其將軍友人恩弗爾
（Enver Pascha）從莫斯科寫了兩封信給塞克特。第一封信說：俄國參謀
總部的一位軍官表示，參謀本部同意德方的看法。在第二封信中，恩弗爾
說他昨天與托洛斯基晤面。托洛斯基贊成與德國取得協議，俄共可以承認
歐戰前一九一四年的德國邊界。

　　一九四〇年出版的《塞克特傳記》下冊（1918-1936）有一章是：「俄
國問題」，引述了上面恩弗爾的兩封信。但是對於二十年代的德俄軍事合作，
著墨不多，在重要關節上更是打馬過橋。譬如塞克特與拉狄克晤面一次以
後，即避免與俄方人士有任何接觸，有關德俄業務交由四名親信處理。傳
記中的註解補充指出四名親信的姓名是：哈色將軍、費雪少將、尼麥爾上
校及董克少校。關於這四名親信與俄方的交涉，傳記中沒有任何交代。在
納粹年代，有一份秘檔，透露了尼麥爾上校及董克的「聯俄活動」。

一九三九年二月，董克少校 (Major Fritz Tschunke) 向陸軍檔案局提出一份有關塞克特將軍個人檔案的極密報告。其有關內容如下：

「德國與蘇俄進行軍事合作，係由塞克特將軍採取主動。一九二○／一九二一年，在國防部成立了一個所謂『特別小組R』。為了取得與蘇俄政府在軍事方面的接觸，尼麥爾上校 (Oberst Ritter von Nieder-mayer) 及我被派往莫斯科。當時在莫斯科還沒有德國使館。此項工作由於可以理解的理由，對外及對內都必須嚴密掩飾。因此，我們成立了『工商企業促進會』(Gesellschaft zur Förderung ge-werblichen Unternehmungen/GEFU)。公司地址設在莫斯科，由我負責，資本係由當時政府（維爾德及馬爾璨）提供。公司的任務是：

㈠容克飛機公司與蘇俄政府簽訂特許合約，在莫斯科附近的 Fili Werk 生產金屬飛機〔戰鬥機〕；

㈡在 Samara 附近的 Bersol 成立德俄股份公司，擴建一個化學工廠，生產毒瓦斯；

㈢在德國的技術援助下，為德方生產重砲及彈藥。」

一九二二年四月十六日，拉巴洛條約簽字之後，雙方的秘密軍事合作，逐漸擴大：

・德國的空軍武器中心，設在利貝茨克 (Lipezk, Gouvernement Tambow)，在莫斯科與窩魯內什 (Woronesch) 之間。

・裝甲車基地設在沃爾加河附近的卡汕 (Kasan)。

・毒瓦斯工廠及試驗場，設在俄國東南的廣大土地 (Gouvernement

Orenburg)。該地居民強迫遷移，以便進行實地試驗。

　　上述空軍、裝甲及毒瓦斯基地，有生產工廠及訓練中心。為了保密，機械設備由德國派去的技術人員操縱，大量工人則由俄方提供。

　　為了對內、對外保密，空軍、陸軍的軍官及士兵，在辦妥退出國防軍手續之後，用假名真護照前往蘇俄。空軍軍官在試驗及訓練飛行時穿便服，而且不准攜帶任何證件，以免不幸出事時，被查出國籍、身份。駕駛裝甲車的軍官及士兵，在留俄期間，穿紅軍制服，也不准攜帶可以證明個人身份的任何證件。派往蘇俄的軍官及士兵不准與家人通信，國防部也沒有名單。因此沒人能夠指出，從一九二二年到一九三三年在俄受訓的軍事人員的數目。據估計，空軍及裝甲兵團的軍官當在數千人左右。

　　德國國防部及政府在軍事秘密合作方面的保密工作，實在是可圈可點。一九二四年，布魯克道夫在莫斯科擔任駐俄大使兩年之後，才逐漸得知德俄軍事秘密合作。這位大使基本上贊成德俄合作，孤立波蘭，但不滿國防軍協助蘇俄重整武裝，這是對德國將來生存的一大威脅。

　　德國軍方與蘇俄紅軍合作，是塞克特採取主動進行，但不是他一個人的想法。一九三一年克斯特林將軍（Köstring, General der Kavallerie）被任命為德國駐俄使館軍事武官時，總統興登堡特別召見，並且對他說：「我很想教訓一下波蘭，可惜時間未到。你要好好維持我們跟紅軍的關係。」

　　一九二六年十二月六日，社會民主黨國會黨團向政府提出有力資料，證明國防軍在東普魯士的東部地區從事組織陸軍後備武裝力量的活動，以及建立秘密軍火儲存庫。此外，社會民主黨手中也有國防軍與紅軍秘密合作、在蘇俄製造毒瓦斯及飛機的資料。為了安撫社會民主黨，且在馬克斯首相的強力要求下，內閣同意與社會民主黨進行交涉，成立包括社會民主

黨的「大聯合」政府。社會民主黨拒絕。

　　十二月十六日，謝德曼在社會民主黨國會黨團的授命下，揭發德俄秘密軍事合作。次日，社會民主黨提出不信任案。右派不滿政府親俄，左翼

圖72　一九三二年九月二十二日，國防軍舉行秋季大演習。軍事委員會副委員長杜合契斯基（左二，Michail N. Tuchatschewski）向總統興登堡介紹前來參觀演習的紅軍代表團團員。

反對德國重整武裝。在社會民主黨、共產黨、德意志民族人民黨及其他右派小黨的支持下，多數通過。當天，內閣總辭。總統授命馬克斯首相，在新閣成立之前，繼續負責政府工作。

　　馬克斯第三次內閣因為德俄秘密軍事合作而垮臺，但德、俄兩國在這一方面的秘密合作，並未因而中斷。在國防部及外交部的緊密配合之下，繼續秘密進行，直到一九三三年希特勒奪得政權為止。納粹德國於一九三九年用閃電戰爭打垮波蘭，於一九四一年進攻蘇聯，如果沒有威瑪時期長達十一年之久的德俄秘密軍事合作，希特勒怎麼會有這樣大的本事?!

六、馬克斯第四次內閣（1927年1月29日——1928年6月12日）

　　社會民主黨揭發德俄秘密軍事合作，搞垮馬克斯第三次內閣，造成社會民主黨與執政四黨的緊張關係。德意志民族人民黨當年因為反對洛加諾條約退出路德第一次內閣，現在認為有機可乘，參與組閣交涉，有意重返政壇。總統興登堡不滿社會民主黨攻訐國防軍，也有意支持德意志民族人民黨參加執政，成立一個中間偏右的內閣。

　　馬克斯第三次內閣提出辭職時，一九二六年十二月十七日，正是聖誕節前夕。各黨協議過完聖誕和新年之後，再議不遲。一九二七年一月十日，各黨領導人開始醞釀組閣。一月十五日，馬克斯正式與各黨交換意見。德意志民主黨贊成與社會民主黨建立中間內閣，德意志人民黨拒絕左派，主張與德意志民族人民黨聯合組閣，社會民主黨不同意「容忍」少數派政府。組閣陷入僵局。一月二十日，馬克斯請總統另外找人籌備組閣事宜。

　　當天，總統興登堡寫信給馬克斯，再接再厲，並呼籲各黨，為了國家利益放棄成見，求同存異，儘速成立一個有效政府。馬克斯提出組閣的先決條件是：㈠承認憲法規定的共和政體。㈡維護憲法及黑、紅、金三色國旗。㈢繼續執行前次內閣在洛加諾條約基礎上制定的外交路線。㈣支持公佈學校法及深化社會福利政策。

　　上述先決條件的前三條，主要是針對德意志民族人民黨而提出的，因為極右的政黨反對共和政體，主張恢復帝制，背後又有總統支持。一月二十六日及二十七日，中央黨、德意志人民黨及巴伐利亞人民黨表示同意。出人意外，德意志民族人民黨也完全接受。只是德意志民主黨認為，政府

計畫實施的學校法偏重宗教學校，不能贊同。此外也沒有任何保證該黨在未來的內閣中可以獲得相當的閣員職位。

馬克斯第四次內閣，還是四黨聯合，只是德意志民主黨由德意志民族人民黨取而代之，是一個中間偏右的少數派政府。一九二七年一月二十九日，總統興登堡任命馬克斯為首相，開始執政。

・失業保險法

自一九二○年六月第一次國會選舉建立正式共和政府以來，至一九二六年底，共六年六個月。在這六年半裡，一共換了十個內閣，沒有一個內閣執政的時間超過一年。內憂外患，在內政方面建樹不多。馬克斯第四次內閣一共執政四百九十八天，是迄今執政最久的一屆內閣，客觀環境也安定繁榮。在沒有多數的情形下，馬克斯第四次內閣能夠排除萬難，實現「失業保險法」，成就可觀。這是一項具有重大社會政治意義的措施。

在「德意志帝國」成立的時候，由於德國的工業急速發展和人口遽增，無產階級已經形成，社會問題日趨嚴重。俾斯麥一方面鎮壓社會民主黨分子，另一方面又積極推行社會福利政策，爭取工人階級，期使社會民主黨失去憑藉。一八七一年第一個社會福利條例「勞動事故賠償保險法」公佈實施後，一八七六年又設立「救濟基金」。此外，在社會福利政策方面的主要法令有：醫療保險法（1883）、事故保險法（1884）和傷殘、養老保險法（1889）。但是沒有制定失業保險法。

第一次世界大戰結束後，成千上萬的士兵遣散復員。政府從發放救濟金的措施中，逐漸感到實施失業救濟政策的必要。此外，自一九二四年冬季開始，失業人口逐漸上升，達一百五十萬人，到了一九二七年初，已經超過兩百萬人。經過長年討論，馬克斯第四次內閣提出「失業保險法」，用

來代替失業救濟。國會於一九二七年七月十六日多數通過。保險費用由勞
資雙方按工資的一定比例，各出一半。補助金也按失業者原來的工資劃分
成不同等級。僱主與僱用人員共同參加企業的行政監督。

・國慶日與巡洋艦

　　一九二七年六月，社會民主黨及德意志民主黨聯合要求：規定八月十
一日（1919年8月11日，威瑪憲法生效，付諸實施）為國慶日；公共設施
懸掛國旗，學校放假。德意志民族人民黨拒絕（1919年7月31日國民議會
表決威瑪憲法時，該黨投票反對），德意志人民黨及巴伐利亞人民黨也不表
贊同。中央黨勉強同意。最後提案交由國會的一個專門委員會「研究」，沒
有結果，不了了之。不久，又惹出柏林數家大酒店與普魯士政府之間的國
旗爭執。

　　在社會民主黨領導下的普魯士政府發佈命令：如果某些大酒店在八月
十一日憲法生效之日舉辦集會不懸掛黑、紅、金三色國旗時，普魯士政府
的公務人員不得前往參加。因為這是不承認現行國家政體的一種表現；一
個共和政府不能熟視無睹，沒有反應。馬克斯第四次內閣不以為然，進行
斡旋。這些五星級的大酒店終於妥協，在總統興登堡八十大壽的那一天以
及其他國家紀念日，同時懸掛黑、紅、金三色國旗和黑、白、紅三色「商
船旗」——一國兩旗！

　　從一九二六年的國旗條例事件，以及上述有關國慶日及懸旗爭執中，
可以明顯地看出來，當時的德國人沒人願意認同這個「德意志共和國」，至
多是勉強認同。

　　根據凡爾賽和約，德國可以擁有少數戰艦。一九二八年三月二十五日，
國會通過建造一艘「A級裝甲巡洋艦」，估計建造費用高達八千萬馬克。在

德意志帝國時代，隨著經濟發達，工業進步，中產階級的地位也日漸強大，已非貴族、大地主控制的局面。德皇威廉第二掌政時期全力發展海軍，這也是中產階級的願望。因為海軍是「新生事物」，沒有普魯士軍事傳統的包袱，高級將領及軍官不為貴族所包辦。在海軍，中產階級的子弟可以開創事業。國會議員多數是中產階級出身，主張用八千萬馬克建造一艘戰艦有其歷史背景，但這也是一種暴發戶心態的表現和恢復強權地位的想法作祟。

・學校法草案

　　根據憲法第一四六條制定公立「學校法」，是馬克斯第四次內閣的任務之一，也是馬克斯提出組閣的先決條件之一。在施政報告中，馬克斯首相指出，這是政府的施政重點。

　　這個「學校法」的主要內容是：(天主教與基督教的)「混合學校」、(以天主教或以基督教為主的)「宗教學校」，以及「普通學校」，一視同仁，享受平等待遇。中央黨、德意志民族人民黨及巴伐利亞人民黨基本上接受此一法令草案，但是德意志人民黨唱反調，要在學校及文化政策方面表現該黨是一個超然的政黨。沒有德意志人民黨的同意，這個法案就不能通過。反對最力的，是屬於德意志人民黨的外長史特雷斯曼和經濟部長寇提伍斯 (Julius Curtius, 1877–1948)。 他們不同意教會在宗教授課方面享有共同決定權， 主張加強保護「混合學校」。

　　一九二八年一月二十七日，在國會的專門委員會討論「學校法草案」時，德意志人民黨提出提案：維持「混合學校」現狀不變，不再批准設立「宗教學校」。這個提案獲得通過。馬克斯首相拒絕接受。二月十五日，學校法草案由於德意志人民黨的強硬態度，毫無妥協餘地。中央黨 (馬克斯首相是中央黨人) 因而宣佈聯合內閣垮臺，但是為了處理預算案及其他緊

急提案，並且同意在四月一日解散國會的條件下，繼續參與政府工作。內閣在總統的同意下，暫不辭職。

·第四屆國會選舉

一九二八年五月二十日舉行第四屆國會選舉。這次選舉除了執政四黨之外，又有二十多個大小黨派參加競選，使選情複雜，選票分散。第四屆國會選舉主要政黨得票結果如下：

	1928	(1924／三) ❷
選民總數（百萬）	41.224	(38.987)
投票總數（百萬）	31.165	(30.704)
投票比率（％）	75.6％	(78.8％)
總席位	491	(493)

	得票（百萬）	(1924／三)	比率	(1924／三)	席位	(1924／三)
社會民主黨	9.153	(7.881)	29.8％	(26.0％)	153	(131)
中央黨	3.712	(4.119)	12.1％	(13.6％)	62	(69)
德意志人民黨	2.679	(3.049)	8.7％	(10.1％)	45	(51)
德意志民主黨	1.505	(1.920)	4.9％	(6.3％)	25	(32)
巴伐利亞人民黨	0.945	(1.134)	3.1％	(3.7％)	16	(19)
德意志民族人民黨	4.381	(6.206)	14.2％	(20.5％)	73	(103)
納粹黨	0.810	(0.907)	2.6％	(3.0％)	12	(14)
德國共產黨	3.264	(2.709)	10.6％	(9.0％)	54	(45)

馬克斯第四次內閣雖然在提高生活水準、解決失業問題、穩定金融等方面，成果斐然，但是政府內部各黨相互攻訐，內鬥不斷，有損內閣形象，

❷　第三屆國會選舉於一九二四年十二月七日舉行。

失去選民支持。聯合執政四黨都有損失，特別是德意志民族人民黨由 103 席位減為73席，遭受重創。這次選舉的最大贏家是社會民主黨，由131席增為153席，幾乎擁有國會總席位（491）的三分之一。從選舉結果來看，未來的內閣是一個在社會民主黨領導下的大聯合政府。

　　六月十二日，馬克斯第四次內閣總辭，繼續執行政府工作至六月二十九日。

七、穆勒第二次內閣（1928年6月28日—1930年3月27日）

　　自一九二三年以來，社會民主黨經過這次選舉取得較大多數，是在國會中擁有最多席位的政黨，因此由社會民主黨人穆勒於一九二六年六月二十八日出任首相，負責組閣。

　　在可以「聯合」執政的六個政黨中，社會民主黨堅決反對德意志民族人民黨。當德意志人民黨放棄反社會民主黨的立場以後，組成一個由社會民主黨領導的「大聯合」政府已成定局。但是為了內閣人事的安排，各黨爭執不下，費時五週之久，穆勒首相於六月二十九日召開第一次「部長會談」，而非「內閣會議」。換言之，參與這個「大聯合」政府的五個政黨（社會民主黨、中央黨、德意志民主黨、德意志人民黨及巴伐利亞人民黨），沒有任何聯合協議的約束，只是各黨代表共事而已，因此這個「大聯合」政府在國會也沒有穩定的多數。

　　穆勒首相執政最久，長達二十一個月，六百三十七天。但在穆勒領導下的政府的成就，則微不足道。參加政府工作的五個政黨的基本立場是：政黨利益優先考慮，國家處境置之度外；對於內閣討論的各種問題，總是

意見分歧，明爭暗鬥，各不讓步，議而不決。由政黨政治所造成的「政黨共和危機」在穆勒第二次內閣時，達到高潮。

　　穆勒在第一次世界大戰之前，已是社會民主黨主席團的成員之一。「十一月革命」時，以鮑爾內閣外長身份代表德國政府簽署凡爾賽和約。一九二〇年卡普暴動後，第一次出面組閣，同年六月第一次國會選出後辭職。在國會，穆勒參與外交委員會及預算委員會的工作，與各黨關係良好，頗受重視，但非強人。一九二九年秋天，穆勒病重，醫生勸退。穆勒以「先天下之憂而憂」，堅持繼續領導四分五裂的內閣工作。

·楊格方案

　　一九二四年各方達成協議的道威斯方案，沒有規定德國賠償的最後數目。經過四年的「寬容年限」之後，又應該重新討論德國的賠償問題。

　　一九二九年二月九日，協約國在巴黎召開專家委員會，主席是美國人楊格（Owen D. Young, 1874-1962）。經過四個多月的討論，六月九日，專家委員會提出審查意見書：在五十九年內，德國每年平均的賠款以二十億馬克為準；協約國解除對德國中央銀行、國家鐵路、國家稅收的監督。會議通過，稱之為「楊格方案」。這個方案要經過協約國的公認才能生效，因此，一九二九年八月三日至三十一日召開第一次海牙會議。

　　會議期間，德國外長史特雷斯曼寫給布里安（當時已經接任法國總理）一封私函，請考慮結束協約國軍隊佔領德國的問題；對德國人來說，這是關鍵問題。海牙會議結束的前一天，法、英、比三國代表給德國外長發出照會：自本年九月開始，在三個月內，撤出萊茵地區。至於法軍，在八個月內，即在一九三〇年六月以前撤出第三法國佔領區。德國外長利用時機，把賠償問題與佔領軍撤出德國問題聯在一起，和平解決，功勞不小。但是

史特雷斯曼未能看到他努力的成果，於一九二九年十月三日因心肌麻痺而逝世。

第四屆國會選舉（1928年5月），德意志民族人民黨慘遭重創，領導換人。一九二八年十月二十一日，胡根貝格接任該黨主席。此人不僅是一個「反共抗俄」、反對共和政府的死硬派，更重要的是，他是一個呼風喚雨的大財閥：控制重工業（包括克虜伯）、操縱媒體（新聞、雜誌、書籍、電影）、壟斷金融系統。胡根貝格上臺後的第一件事，就是聯合納粹黨人希特勒組成「民族反對派聯合戰線」；反對接受楊格方案，也就是反對賠款。同時要求法庭判決那些接受楊格方案的德國政治人物，並主張對楊格方案進行公民表決。

一九二九年十二月二十二日，公民表決「反對接納楊格方案」，共得五百八十萬張票，佔選民總數的13.8％，未超過半數，失敗而終。舉辦公民投票時，正是世界經濟危機開始，一九二九年十月二十四日「黑色星期五」。公民投票失敗，但是最大的贏家還是希特勒。

希特勒自一九二四年十二月二十日被釋出獄後，慕尼黑政府要驅逐出境，把希特勒送回奧國。奧國政府以希特勒在大戰時期曾在德軍服役為由拒絕接受，因此又留在德國，但禁止發表演講，從事宣傳活動。換言之，至一九二九年秋，希特勒蹲在慕尼黑，「乏善可陳」。但是參加胡根貝格的聯合戰線，共同進行全國性的公民投票反對楊格方案活動以後，這個納粹黨的「吹鼓手」一時又成為全國的知名人士。有四個月之久，希特勒是胡根貝格控制下的報紙的熱門人物。

・經濟危機

一九二九年四月，內閣改組人事變動後，政府內部爭執不斷。在對東

普魯士的農業救濟方案、對極右政黨處理問題，特別是失業保險改革方面，各黨意見紛歧，造成內閣危機。

　　失業保險改革問題涉及到三個部門：勞工、經濟及財政。勞工部長魏賽爾（Rudolf Wissell ,1869–1962），社會民主黨人，在一九二九年五月六日的內閣會議上提出建議，失業保險費由百分之三提高到百分之四，並延長對季節性失業人口的資助。經濟部長寇提伍斯，中央黨人，拒絕提高保險費，代表資方利益。財政部長奚弗定（Rudolf Hilferding, 1877–1941）要求先徹底解決政府預算案，然後才能討論失業保險問題。在這個問題解決之前，一九二九年九月又發生了世界經濟危機。

　　德國自從實施道威斯方案之後，工業生產、出口貿易、城市建設等發展迅速，導致黃金的二十年代，其主要原因是來自外國的短期貸款。現在這些外國資本由於經濟危機，逐漸撤回，美國不再貸款，發行國內公債也不理想。一九二九年底，德國的失業人口已達三百餘萬人，政府支出赤字超出十五億馬克。與失業救濟有密切關聯的失業保險改革問題，迫在眉睫，必須解決。但是內閣沒有一個共同的財經對策。

　　內閣中的五個政黨，分成三派：㈠社會民主黨認為在經濟危機時期，保障弱小大眾是其神聖的政治任務，因此要提高保險費以期勞資雙方共同負擔費用；強調工人利益。㈡德意志人民黨主張維護經濟的健全發展，挽救衰退危機，因此要減輕在社會福利方面的負擔，特別是失業保險；代表大企業利益。德意志民主黨遙相呼應。㈢中央黨及巴伐利亞人民黨尋求妥協方案，兩面不討好，還是無法打開僵局。

　　當時，右派政黨已經開始討論成立一個沒有社會民主黨的少數派政府。綽號「政治紅衣主教」的史萊赫將軍（Kurt von Schleicher, 1882–1934）向總統興登堡表示，中央黨領袖布呂寧（Heinrich Brüning, 1885–1970）

是將來組織「總統行政內閣」的理想人選，並安排於一九三〇年二月與總統晤面。興登堡對社會民主黨沒有好感，對由穆勒領導的「大聯合」政府更是保持安全距離。興登堡也期待能有一個沒有社會民主黨參加的中間偏右的內閣，根據他的意願來解決當前的內外問題。但是當時賠款問題正在進行交涉（楊格方案、海牙會議），這個問題對德國的內政外交影響至鉅，德國不能一天沒有政府。最後總統出面，要求各黨放棄成見，全力支持。三月十二日，國會通過楊格方案。

穆勒首相有意在總統的同意下，引用憲法第四十八條動用緊急法令，實施失業保險改革方案。總統拒絕授權。內閣沒有共識，在國會沒有多數，現在又失去總統的支持，一九三〇年三月二十七日晚六時，穆勒向總統興登堡提出內閣總辭。

穆勒第二次內閣垮臺說明，威瑪共和末期沒有執政黨，只有反對黨；沒有合作，只有內鬥。穆勒第二次內閣垮臺，是德意志共和國史最後一章的開始。

第四章　共和解體 (1930-1933)

一、布呂寧第一次內閣 (1930年3月30日—1931年10月7日)

穆勒首相於一九三〇年三月二十七日下臺後，總統興登堡要找一位「適當的」候選人。史萊赫將軍早在穆勒辭職之前，就已經為新閣人事佈置妥當。次日，三月二十八日，總統在史萊赫的推薦下，授命布呂寧組閣，同時表示：「不必在政黨協議的基礎上」組閣。兩天後，三月三十日，布呂寧向國會提出內閣名單。

布呂寧是中央黨議員，自一九二九年起任該黨國會黨團主席，屬於右翼。出任首相時才四十五歲，政治學博士，是一位「青年才俊」，共和國史上比較年輕的一位首相。

布呂寧執政時期，正是世界經濟危機達到高潮之際。新閣的首要任務是平衡預算，這又包括了兩個內容：通過一九三〇／一九三一年的預算案及實施失業救濟保險方案。一九三〇年初，失業人口是二百八十萬人。解決失業問題，首先要通過預算案以及增稅開源。因為在一九三〇年四月十四日失業保險方面的赤字是一億三千六百萬馬克，政府的財政赤字已高達四億五千萬馬克。

·組閣背景

　　世界經濟危機發生後，一九二九年底，軍政要人有一次重要會晤，參加的人是：㈠史萊赫將軍（國防部長辦公室主任），㈡葛羅納將軍（國防部長），㈢布呂寧（中央黨國會黨團主席），㈣麥斯納（Otto Meissner, 1880-1953；總統辦公室主任）。

　　布呂寧認為多黨制政府軟弱無能，受制於人；應該利用憲法實現一個超出政黨利益之上，以國家意志為主的有力政府。遠程目標是，維持興登堡的總統地位，用和平手段恢復帝制。史萊赫主張在興登堡為期不多的任期內，解除議會機能，修改憲法，恢復一九一八年以前的帝制。在沒有國會的空檔時期，由總統運用憲法第四十八條施政；總統可以扮演從前皇帝的角色，布呂寧是擔任首相的適當人選。布呂寧及另外兩位與會人士都認為時機尚未成熟，但大家的共識是：小黨林立，縱橫捭闔；左右暴動，國無寧日。共和體制是一切禍亂的根源。國家需要一個不受國會控制的有力政府。

　　史萊赫將軍是影響共和國最後兩年命運的人，應該補充幾點說明。史萊赫，這位沒有上過戰場帶兵作戰的「顧問」將軍，曾與興登堡及其長子歐斯卡（Oskar von Beneckendorff und von Hindenburg, 1883-1960）在第三近衛步兵團服役，又曾擔任在葛羅納將軍領導下的參謀部的政治顧問。當時，史萊赫已經有了「政治紅衣主教」的綽號。史萊赫的發跡，是在一九二六年秋塞克特將軍下臺之後。三年後，史萊赫接任新職：國防部「部長辦公室主任」。這是一個新設立的機構，其主要任務是，在國防部內協調陸軍與海軍的相關業務。這個辦公室不久就成為史萊赫政治運作的大本營。史萊赫本人也成為總統興登堡的耳目與親信；呼風喚雨，操縱政局。

・憲法第四十八條

　　布呂寧第一次內閣包羅了各黨各派（中央黨、德意志民主黨、德意志人民黨、巴伐利亞人民黨）及無黨派人士，社會民主黨被擠出局。新閣是一個少數派政府，但不再尋求在國會取得多數，內閣施政完全取決於總統興登堡個人的信任。威瑪共和從此進入一個新的階段。

　　如上所述，史萊赫將軍的企圖是，通過憲法第四十八條的運作，修改威瑪憲法，擴大總統實權，實現一個一言堂的「總統行政制」。對於這個原則性問題，老總統完全同意。因此興登堡在授命布呂寧組閣時，即明白表示：首相可藉用憲法第四十八條施政，不必理會國會。

　　四月一日，布呂寧首相在國會發表施政方針，開宗明義指出，他的內閣從事最後一次嘗試，在與國會的協調下，處理政府的必要工作。但是，「政府也決定並且有此能力，為施政而運用一切符合憲法的手段。」布呂寧繼續指出，如果國會不支持他的財經改革方案，他就馬上解散國會，進行改選。布呂寧的施政演說，等於是對國會的開戰聲明，殺氣騰騰。這是德意志共和國解體的象徵。

　　「運用一切符合憲法的手段」有兩層意思：一方面使國會失去功能，另一方面運用憲法第四十八條施政。布呂寧內閣在國會沒有多數，因此要設法擺脫國會的監督與制衡。自一九三〇年四月一日布呂寧發表施政演說至七月十八日國會解散，國會一共召開五十三次會議。一九三〇年九月第五屆國會選出之後，開會十四次。在充滿危機的一九三一年，國會議員在一年之中僅集會四十二天。在一九三二年，至五月三十日布呂寧第二次內閣垮臺，在五個月內，只開會八次。換言之，自一九三〇年七月十八日國會解散以來，國會逐漸失去立法、監督的憲法功能。

社會民主黨國會黨團主席布萊史德 (Rudolf Breitscheid, 1874-1944) 在討論布呂寧首相的施政方針時指出，布呂寧所說的「運用一切符合憲法的手段」就是運用憲法第四十八條，發佈緊急法令施政。布萊史德請求首相，不要被人家牽著鼻子走上這條路，因為這些有心人運用憲法第四十八條的企圖，就是走上獨裁之路的開始（憲法第四十八條第二段全文見第一章：二、謝德曼內閣：威瑪憲法，頁46）。

制定威瑪憲法時，正是共和國處於內憂外患的多事之秋。加強總統的行政權力，使國家能夠有一個有力的政府，應付亂局，這是制定這條憲法的背景。艾伯特當總統時，憲法第四十八條也確實發生了預期作用。在有心人的運用下，這條憲法的負面作用也影響了共和國末期的命運，但還不是導致共和國解體的「歷史根源」。

在臺灣出版的著作中，一位學者認為:「威瑪憲法的這些規定〔第四十八條〕，日後常受史家之批評，因為希特勒之得勢，即係利用此一漏洞，由興登堡總統手中取得德國之統治權」（李邁先：《西洋現代史》）。大陸學者也持有相同論點:「由於憲法的這一缺陷〔第四十八條〕，從而削弱了魏瑪議會民主制，最後導致了魏瑪議會民主制的失敗，為法西斯奪取德國政權創造了條件」（吳友法：《冒險、失敗與崛起──二十世紀德意志史》）。換言之，「希特勒的上臺，就是憲法第四十八條的最後結局」（楊蔭恩：〈關於魏瑪共和國性質的幾個問題〉，見:《德國史論文集》）。希特勒取得政權，是一個非常複雜的歷史問題。至少一九三三年一月，一小撮政客的陰謀活動，是使希特勒能夠用「合法」手段取得政權的重要因素；不能抓住憲法第四十八條不放，遽下斷語，一鎚定音。

布呂寧接任首相時，德國的經濟危機急遽惡化。布呂寧實行「通貨緊縮政策」(Deflationspolitik)，要在定期支付賠款的情形下，還能維持國家

財政的平衡。因此，布呂寧一方面縮減政府開支，另一方面降低公職人員的薪資和提高失業保險費（3.5％）以及所得稅（4.5％）。

一九三〇年七月十六日，布呂寧上臺才三個半月，向國會提出財經改革方案。國會以256票對193票拒絕。各黨反對變相增稅。布呂寧首相在總統授權下，根據憲法第四十八條發佈緊急命令，強制執行。兩天後，七月十八日，國會也根據憲法第四十八條，並以236票對221票，通過社會民主黨及共產黨的提案，要求政府馬上收回七月十六日發佈的緊急法令。布呂寧首相拿出最後一張王牌，根據總統授權，宣佈解散國會，並定於九月十四日進行第五屆國會選舉 —— 不超過憲法規定的六十天。在這空檔時間，政府可以繼續運用緊急命令施政。

七月二十六日，內閣又公佈一個新的緊急法令，不僅包括東普魯士農業救濟方案、修改社會福利措施，更包括了一九三〇／一九三一年度的政府預算案。在共和時期，這是第一次，政府預算未經國會通過，逕由政府用行政命令公佈實施。布呂寧首相在七月危機運用憲法第四十八條所採取的諸多措施，已使議會民主轉變而為獨裁的「總統行政體制」。

・第五屆國會選舉

一九三〇年九月十四日 舉行第五屆國會選舉，主要政黨得票結果如下：

	1930	(1928)
選民總數（百萬）	42.957	(41.224)
投票總數（百萬）	34.970	(31.165)
投票比率（％）	81.4％	(75.6％)
總席位	577	(491)

	得票（百萬）	(1928)	比率	(1928)	席位	(1928)
社會民主黨	8.577	(9.153)	24.5%	(29.8%)	143	(153)
中央黨	4.127	(3.712)	11.7%	(12.1%)	68	(62)
德意志人民黨	1.578	(2.679)	4.5%	(8.7%)	30	(45)
德意志民主黨	1.322	(1.505)	3.8%	(4.9%)	20	(25)
巴伐利亞人民黨	1.005	(0.945)	3.0%	(3.1%)	19	(16)
德意志民族人民黨	2.458	(4.381)	7.0%	(14.2%)	41	(73)
納粹黨	6.409	(0.810)	18.3%	(2.6%)	107	(12)
德國共產黨	4.592	(3.264)	13.1%	(10.6%)	77	(54)

　　在這次選舉中，參加政府的四個政黨（中央黨、德意志民主黨、德意志人民黨及巴伐利亞人民黨）輸贏不大。社會民主黨佔有143席，比一九二八年少了10席，仍是國會中的第一大黨。

　　這次選舉的最大贏家是納粹黨，獲得六百四十多萬張選票，席位由12席（1928）增為107席，是在國會中僅次於社會民主黨的第二大黨。其次是共產黨，計得四百五十九萬二千一百張選票，席位由54席（1928）增為77席。兩黨共得一千一百萬張選票，在國會共有184席，約為總席位（577）的三分之一。納粹黨與共產黨的最終目的，截然不同，但在當前兩黨的鬥爭目標則完全一致：反對共和政府。兩黨選票再加上極右的德意志民族人民黨的選票說明：當時，一九三〇年九月，共有一千三百四十多萬選民不滿議會政體，反對民主政治。這是一項值得令人深思的「民意」。一九三〇年十月十三日，第五屆國會開幕。一百零七名納粹黨議員，身著納粹黨人綠色制服亮相，成為威瑪國會的奇景之一。

　　一九三〇年的國會選舉，是德意志共和國解體的另一象徵。納粹黨在這次選舉中獲得空前勝利的主要原因有三：

圖73 一九三〇年:「赤色前線戰士聯盟」在柏林街頭示威遊行。

圖74 一九三〇年:「赤色前線戰士聯盟」在柏林遊行,走在隊伍前端的是共產黨主席塔爾曼(前左一)及「赤色前線戰士聯盟」領導雷歐(Willi Leow)。此後發表的這張照片,只有塔爾曼一馬當先,雷歐不見了。

圖75　一九三〇年：「赤色前線戰士聯盟」遊行時，與警察衝突、武鬥。

圖76　一九三〇年，第五屆國會選舉，納粹黨大勝，在國會擁有一百零七席。十月十三日國會開幕，納粹黨議員身著綠色制服亮相示威，成為威瑪國會的奇景之一。

㈠失業人口　急遽惡化的經濟危機，使工業、企業一蹶不振。布呂
寧首相的通貨緊縮政策，不得人心，加速工人、中小市民的貧困
化。一九三〇年下半年，失業人口接近三百萬人。這些不滿政府
的人，是納粹黨獲得選票的來源之一。一九二八年五月第四屆國
會選舉，納粹黨只得八十一萬張選票，佔投票比率的百分之二點
六，微不足道。那是「黃金的二十年代」，老百姓過的是好日子。

㈡民族主義運動升級　社會的災難和貧困，使人們不免追問禍源。
一九一八年戰敗以後的局面，重現眼前；「背後一刀說」、「十一
月罪人」等論點又是熱門話題。納粹黨人的競選策略是，集中火
力煽動民族主義情緒，全力抓住所有社會階層的不滿群眾。在這
一方面，納粹黨人與共產黨只以無產階級為對象完全不同。群眾
壓在心底但不敢說出來的，納粹黨人在競選活動中則大喊大叫：
共和民主是在簽署凡爾賽和約的情況下，被逼出來的；共和民主
就是懦弱、屈辱、背叛民族的同義語。共和民主是猶太人搞出來
的東西，猶太人是德國遭受一切災難的根源。選舉期間，希特勒
於九月十八日發表的〈告德意志人民書〉就是一個典型的例子。

㈢希特勒這個人　威瑪共和時期，只有一個「象徵」——興登堡元
帥，沒有強人。當時，希特勒還不是一個強人。但是，在競選期
間，希特勒與其他政黨的候選人完全不同，從南到北，走訪大小
城市，發表演說。希特勒是「到群眾中去，從群眾中來」，懂得
煽動，表現堅定；民族救星，「非我莫屬」！

第五屆國會選出後，布呂寧受命組成第二次內閣，在國會依然沒有多
數，但在社會民主黨的「容忍」下，仍可繼續執政。因為社會民主黨擔心，

如果布呂寧垮臺，情況可能比現在還壞。在極左和極右政黨在改選國會選舉中可能獲勝的考慮下，一動不如一靜。納粹黨在這次選舉中獲得空前勝利，又使史萊赫將軍深信，納粹黨已經是一個不可忽視的政治勢力，今後要全力爭取希特勒的合作。

·財經危機

十二月一日，布呂寧首相根據憲法第四十八條再次提出「經濟財政保障法」的緊急法令：失業保險提高到6.5％，公務人員的薪俸及退休金再度減少6％，同時增加煙酒稅額以及減少政府開支。布呂寧的財經政策，不

圖77　一九二九年：在柏林勞工局前大排長龍的失業人群。

圖78　一九三〇年：失業的「Sandwichmann」：「我找工作，什麼都做！」

得人心，聲望下降，主要的問題還是失業人口急遽上升：一九三〇年十二月中旬，失業人口將近四百萬(3,977,000)，一九三一年一月上升到四百八十萬人，到了年底，失業人口高達六百五十萬，社會救濟金短少一億四千六百萬馬克。

圖79　一九三一年：「哈囉！我找工作！我會速記和打字，我懂法文和英文，我接受任何家務工作；凡是要求頭腦靈活的任務，我都能完成。」

圖80　一九三一年：「我是有專業訓練的女速記打字員；失業，求職，不拘工作性質。」

　　一九三一年二月初，布呂寧首相向國會提出修改議事章程提案，藉以阻止納粹黨不按理出牌提出增加政府支出的議案。二月九日，納粹黨人不滿，全體退出國會，以示抗議。德意志民族人民黨馬上跟進，以為兩黨議

員退出可使國會癱瘓。但在社會民主黨的「容忍」下，國會照常運作。

六月五日，布呂寧首相又提出「經濟財政保障法」，再度減少薪資，減低失業保險金額及社會福利等項目。布呂寧對楊格方案不滿。一九三〇年九月第五屆國會選出之後，就採取修改楊格方案的措施。布呂寧的通貨緊縮政策是一個苦肉計，布呂寧要對外表示，德國不是不願支付賠償，而是無能為力。這個苦肉計也確實收到了預期效果。即協約國也不得不承認，德國沒有能力履行楊格方案所規定的賠償義務，因為世界經濟危機已使楊格方案的前提，頓然消失。美國總統胡佛採取主動，於一九三一年六月二十日提出建議，所有政府債務及賠款等延緩一年。

延緩賠款本來可以使德國喘一口氣，但是本年五月，奧國發生銀行倒閉，波及德國。很多外國債權人收回貸款，半年之內高達三十億馬克。早在一九三〇年九月第五屆國會選舉納粹黨大勝之後，外國債主對德國政局

圖81　一九三二年：在柏林的低收入社區，納粹黨旗與鎌刀斧頭旗共存。牆上的標語是：「先吃飯，後付房租。」

失去信心，在選舉後的三個星期之內，收回短期貸款高達十億馬克。奧國銀行危機之後，七月十三日，一家規模較大的德國銀行因為沒有支付能力而倒閉，引起連鎖反應。次日政府下令關閉銀行、儲蓄金庫、股票市場（17日重開，但只限於收稅、發放工資及救濟金）。這次銀行倒閉，德國政府措手不及，未能及時採取對策。倒霉的人，除了失業人口之外，主要是中小市民，他們痛恨「吃人的資本家」，因為他們的積蓄在一夜之間化為烏有，成為「無產階級」了。

·德奧關稅聯盟

在外交方面，德國的主要對象是法、英、美三國。有關賠償問題的交涉，又影響了德國與這三個國家的關係。自從一九二六年九月德國加入國際聯盟，且為常任理事之一以後，德國又有了一個新的政治舞臺和新的外交題目：波蘭。

德國代表團在國際聯盟的每一次會議上都指責一九一九年的凡爾賽和約，引人反感，並且加深德法之間的鴻溝。另外，德國代表團在國際聯盟的每一次集會期間都控訴波蘭政府壓迫波蘭境內的德國「少數民族」。實際上是德國不能忍受波蘭根據凡爾賽和約取得諸多德國領土。自從凡爾賽和約簽字之後，德國上下，不分左右，特別是軍方將領，一致認為波蘭是對德國生存最大的潛在威脅。德國各屆政府也不接受一九一九年／一九二〇年重新劃定的德波邊界。一九三〇年，外長寇提伍斯就表示，德國必須改變這個不合理的德波邊界，因此在交涉楊格方案時期，利用機會與蘇俄接觸，為重獲失土舖路。他認為，在對波蘭問題上，德俄雙方有共同利益；波蘭有法國在背後撐腰，在對法國的關係方面，德俄兩國立場又是一致。在寇提伍斯任外長期間，發生了德奧關稅聯盟事件。

　　一九三一年二月間，為了克服經濟危機，德國與奧國取得協議，兩國成立「德奧關稅聯盟」。當三月協議公佈時，引起法、英、意三國的強烈抗議，因為他們，特別是法國相信，這個聯盟的內容不止於「關稅」，另有「合併」之意，甚至是德國吃掉奧國。最後，這個問題提到國際聯盟。海牙仲裁法庭認為，德奧建立關稅聯盟，違反一九一九年巴黎和會時所簽署的「聖日耳曼和約」，該約禁止德奧合併。九月五日，國際聯盟以八票對七票（中國支持德國）通過決議：不可執行。

　　兩天前，奧國副總理及德國外長，見大勢已去，就提前公開聲明放棄「德奧關稅聯盟」計畫。但大錯鑄成，為時已晚。德國外長寇提伍斯掛冠求去。

　　海牙判決，影響德國的國際聲譽；外長辭職，又牽一髮而動全身。十月七日，布呂寧首相引咎辭職。

二、布呂寧第二次內閣（1931 年 10 月 9 日—
1932年5月30日）

　　德奧關稅聯盟事件及外長辭職，只是一九三一年十月布呂寧改組內閣的外在因素。主要的是，總統興登堡反對內閣要靠社會民主黨的「容忍」執政，主張對右派政黨採取門戶開放政策，藉以擺脫社會民主黨的束縛，也就是實行不受國會制衡的「總統行政內閣」（Präsidialkabinett）。

　　十月七日，布呂寧第一次內閣總辭，這是政治秀。辭職的前一天，總統興登堡就已經授命布呂寧組閣。因此，布呂寧又能在兩天之內提出新閣名單，除了中央黨、德意志民主黨及巴伐利亞人民黨之外，又有德意志民族人民黨、人民保守聯盟及無黨派人士參加。布呂寧首相自兼外長。內政

部長原定由中央黨人維爾德（1921年及1922年兩度出任首相）擔任，由於右派排斥，改由無黨派的葛羅納將軍出馬，同時兼任國防部長。布呂寧第二次內閣大步轉右，這是當時的大氣候，也是總統的意思。

• 哈茨堡戰線

德意志民族人民黨在一九三〇年九月第五屆國會選舉中大敗，由73席（1928年）降為41席，僅得選票二百四十多萬張。黨魁胡根貝格不甘後人，決心捲土重來，於是再度（第一次1929年）聯合在此次選舉獲勝的希特勒，還有「鋼盔團」（Stahlhelm，總統興登堡是名譽會長），於一九三一年十月

圖82 一九三一年十月，希特勒在黨衛隊幹部的護衛下，前往哈茨堡。

十一日在哈茨堡（Bad Harzburg）聚會，成立了「民族主義反對派」，也就是反對共和國的「哈茨堡戰線」。諸多社會知名人士也參加了此項活動，「共襄盛舉」，如普魯士王儲的三個兒子，前陸軍統帥塞克特將軍等。

圖83　參加成立「哈茨堡戰線」的納粹黨人及「鋼盔團」代表。

　　自從納粹黨在一九三〇年九月國會選舉大勝之後，更增強希特勒用「合法手段」取得政權的決心。但是政黨運作，競選活動，都需要有足夠的經費。希特勒與胡根貝格沆瀣一氣，不是為了「合作」，而是要透過這個大財閥的人脈，能與有力的財經人士掛鈎，開闢財源。對胡根貝格來說，他的如意算盤未能兌現。這個統一戰線沒有發生預期作用，一場政治鬧劇而已。

　　當時納粹黨有一個同路人，是工業界的重量級人士狄森（Fritz Thyssen, 1873–1951，1933年加入納粹黨）自一九二三年起就在財政上給予支持，數目不大。狄森是「聯合鋼廠」監事會主席，自一九二六年起任

圖84　「希特勒敬禮的意義：小人物要求大捐獻」。

「全德工業協會」董事會理事。在狄森的安排下，希特勒於一九三二年一月二十七日在杜塞道夫工業俱樂部演講，同時與魯爾及萊茵地區的工業界人士晤面。在演講中，希特勒只強調一點：就經濟而言，議會民主就是共產主義，只有強而有力的國家政權才能保證經濟自由與發展。與會人士起立鼓掌，掌聲久久不斷，工業界人士的捐款也源源而來。年底，一九三二年十一月十九日，狄森聯合二十位工業界的重量級人士致函興登堡（Industriebrief），建議實行不受國會制衡的「總統行政內閣」制，並任命希特勒為首相。

・總統大選

　　一九三二年三月總統任期屆滿。

　　一九三一年秋天，布呂寧首相就表示希望興登堡繼續參加競選，並在第二次任期內，從霍恩佐倫皇族中找出一位適當的人選，恢復帝制。在這

裡，布呂寧犯了一個不可原諒的錯誤。

興登堡是一位徹頭徹尾的君主主義者，不反對恢復帝制。但是當過一任總統之後，就不想再過萬人之上，一人之下的日子。因此老帥對布呂寧的建議耿耿於懷。這是布呂寧下臺的遠因。

一九三一年九月，興登堡輕度中風，身體虛弱，還是不想放棄總統寶座。一九三二年一月二十八日，總統書面告知布呂寧首相：徇各方邀請，決定接受為總統候選人。布呂寧的原意是，在國會用三分之二的多數，通過延長總統任期。為了確保國會三分之二的多數，布呂寧首先與最大的反對黨納粹黨人接觸。後者不談主題，要求馬上解散國會。胡根貝格也不同意「延長」，因為他有自己的候選人。至於興登堡更是反對用變相的修憲手段，繼續當總統；老帥強調憲法，由人民直選。二月二十六日，國會接受政府提案，總統選舉定於一九三二年三月二十三日舉行。必要時，第二輪投票日定為四月十日。

在工業界重量級人士的支持下，希特勒如虎添翼，決定參加總統競選，用「合法手段」取得政權。問題是，這個要當德國人民「民族救星」的希特勒，當時還不是德國人，是一個無國籍的政治游民；既無選舉權，也沒有被選舉權。入籍手續複雜，費時日久。這個問題必須馬上解決。有一位納粹幹部，在國籍法中找到一個漏洞，即國籍法第十四條規定：如果在中央政府、地方政府、鄉鎮機構或公立學校擔任公職時，即自動完成入籍手續。在納粹同志的安排下，一九三二年二月二十五日，希特勒被任命為布勞什維哥地方政府的行政「參議」，主管經濟業務。從這一天起，希特勒是「德國人」了。

第一次投票，五位候選人，沒人取得絕對多數。興登堡獲得一千八百六十五萬張選票，達49.6％，功虧一簣。希特勒共得一千一百三十三萬九

千五百張選票，選民的三分之一，比一九三〇年九月國會選舉的六百四十多萬張選票多了幾乎一倍，成績也很可觀。

　　第二輪投票於四月十日舉行，多數當選。共有三位候選人：興登堡、希特勒及共產黨提名的塔爾曼。興登堡得票最多：一千九百三十六萬張，高達53％，當選。希特勒落後，僅得36.8％的選票。

圖85　興登堡就職賀電
資料來源：中央研究院近代史研究所外交檔案原件抄本

　　從這次總統選舉中可以看出，納粹黨的影響與勢力，與日遽增，是對共和政府的最大威脅。對外商而言，外國資本家對德國政局失去信心，擔心過激轉右，抽走貸款。因此，德國政府的財政部及中央銀行不得不另外向美國銀行借款一億二千五百萬美元以渡過危機。這次選舉的另一後果是，

總統興登堡決定結束內閣的執政工作。由於外交上的諸多問題還在進行交
涉之中，布呂寧第二次內閣的命運因而延長了一個半月。

·突擊隊禁令

在總統選舉期間，納粹黨人的突擊隊（SA）到處鬧事，製造不安，同
時警方發現突擊隊的秘密指示：必要時向波蘭政府洩露德國在東部的防禦
計畫。針對這種對國家的背叛行為，地方政府的內政部長聯合要求首相及
中央政府的內政部長葛羅納將軍發佈「突擊隊禁令」。總統選舉過後，四月

圖86　一九三一年，納粹「突擊隊」指揮官雷姆（Ernst Röhm）視察「突擊隊」
隊員。「突擊隊禁令」發佈後，「突擊隊」員不准穿綠色制服亮相，因此改穿白
襯衫和巴伐利亞特有的皮短褲，「突擊隊」依然存在。

十三日，政府下令禁止突擊隊及納粹其他半軍事組織的一切活動。這是布呂寧第二次內閣垮臺的導火線。

史萊赫將軍對於布呂寧首相在地方政府的壓力下公佈「突擊隊禁令」，非常不滿。史萊赫要在右派政黨的支持下，爭取希特勒入閣，建立一個有力的政府。他認為，此時發佈此一禁令，無異是有意攪局。史萊赫更公開表示，由於「突擊隊禁令」的公佈，葛羅納將軍（內政部長兼國防部長）已失去軍方信任，應辭去國防部長職務。五月十二日，葛羅納被迫請辭，空缺未補。

總統興登堡也不滿意這個「突擊隊禁令」，因為這等於向「黑紅」地方政府投降（黑指天主教中央黨，紅指社會民主黨）；　如果禁止，對有社會民主黨背景的「黑紅金國旗社」及共產黨領導下的半軍事組織，也應該下令禁止，一視同仁。此外，第一、二輪投票選舉總統時，布呂寧首相全力動員中央黨（黑）、社會民主黨（紅）及中間政黨支持興登堡。老帥雖然當選，但是龍心不悅，因為這是黑紅政黨的支持，而非「自己人」——軍人、大地主。這些人首相沒有爭取，他們把票投給希特勒了。

史萊赫深信，在這種局面下，解決困境的途徑不外是布呂寧首相辭職，更換內閣。但是，首先要解除「突擊隊禁令」和解散國會（這是希特勒提出的條件），然後成立一個「總統行政內閣」，在希特勒領導下的納粹黨的「容忍」下施政。

・東普魯士救濟方案

一九三二年五月，總統興登堡下令，要求首相布呂寧修改東普魯士救濟方案。從此開始，總統插手干涉首相施政。

五月二十日，內閣根據總統指示，討論「東普魯士救濟方案」（Osthilfe)。原來的救濟方案是要把東普魯士大地主的短期債務變成長期低息債務。一九三一年底失業人口已經高達六百萬人。布呂寧堅持他的通貨緊縮立場，於十二月八日，第四次發佈「經濟財政保障法」的緊急命令，繼續採取增稅、減少工資等措施。因此，在一九三一年／一九三二年冬，布呂寧認為這是一種浪費公帑的辦法，難以執行。現在內閣討論的新的措施是：具有自力更生能力的大地主，可以獲得補助，但是政府要沒收不再具有償還債務能力的莊園，以時價出售，給移民提供土地。這也是解決失業人口的措施之一。消息傳出後，東普魯士的大地主全力反對，稱之為「農業的布爾什維克主義」。

東普魯士是大地主的勢力範圍，特別是東易北河的大地主由於氣候及土質的關係，收成不好，加之運費過高，也影響了成品的價格，連年負債。自一九一八年以來，這些大地主透過政治關係，獲得關稅保護及政府補貼，但未採取改進措施。威瑪共和時期，大地主的影響驟減，貴族及大地主的危機也日漸深化。東普魯士與總統興登堡是「血肉相連」，在這裡，興登堡擁有一座一九二七年由企業界人士及大地主贈送的大莊園（Gut Neu-deck）。

一九三二年五月二十二日，總統興登堡剛從東普魯士的大莊園回來不久，就接見布呂寧首相坦白表示，志不同道不合，不如分道揚鑣。次日，首相走訪總統，有意深談。會談只有三分鐘。五月三十日，布呂寧提出辭呈。

布呂寧首相的「東普魯士救濟方案」及「突擊隊禁令」並非滔天大錯，不能構成免職的理由。布呂寧第二次內閣也不是因為國會通過不信任案或是政府提案在國會沒有獲得多數支持而垮臺，只是龍心不悅，再加上史萊赫將軍背後煽風點火，布呂寧只有掛冠求去。

三、巴本內閣（1932年6月1日—11月17日）

　　布呂寧下臺後，又是「政治紅衣主教」史萊赫將軍向總統興登堡推薦，由巴本（Franz von Papen, 1879-1969）出任首相。關於在布呂寧垮臺和巴本組閣方面，史萊赫究竟扮演了一個什麼樣的角色，直到今天，還沒有肯定的答案。至於何時史萊赫採取主動邀請巴本組閣，說法不同；五月初或五月中旬。根據巴本的回憶錄是五月二十八日，也就是布呂寧辭職的兩天前。

　　史萊赫主張調整國家機構，成立一個權威政府，首相兼任普魯士邦總理等等。巴本基本上完全同意。史萊赫進而指出，他有意「圈住」納粹黨人，加以利用。因為希特勒已經對他表示：納粹黨人可以「容忍」新內閣，條件是馬上解除一九三二年四月發佈的「突擊隊禁令」以及解散國會，重新改選。對於這一點，巴本猶豫不決。五月三十一日，巴本與中央黨主席柯斯（Ludwig Kaas, 1881-1952）談論出面組閣事，柯斯徹底反對。接著總統興登堡召見巴本，以國家前途為重，強調服從、義務，授命巴本組閣。巴本接受徵召。這是一九三二年五月三十一日下午的事情。六月一日，內閣組成後，六月三日，巴本退出中央黨，是無黨派人士。

　　巴本是貴族軍人出身，曾在華盛頓德國使館擔任武官。一九一八年加入中央黨，是該黨的激進右派分子，主張帝制，反對民主。巴本組閣時，在德國還不是一位知名之士。他曾與史萊赫同在軍校受訓，早年相識，並與總統長子歐斯卡私交甚篤，屬圈內人物。巴本對納粹的立場是：「使非法打獵的人成為森林管理人」，他也主張根據憲法第四十八條，實行「總統行政內閣」制。對史萊赫來說，巴本在政治上是一片白紙，是實現他的政治

構想的最佳人選。

·組閣背景

　　五月二十六日，布呂寧還未下臺，史萊赫電邀巴本前來柏林，二十八日倆人晤談。根據巴本回憶錄的記載，談話的主要內容是：史萊赫不滿布呂寧片面宣佈「突擊隊禁令」，逼使納粹走上反抗政府的死胡同。納粹運動所追求的，是民族主義的理念，凡是德國人都表同情，特別是軍中的年輕軍官。巴本說，在判斷目前的政局方面，倆人立場一致。最後，史萊赫稱，他已經向老總統推薦，興登堡也願意邀請巴本出馬，接負重任。

　　在授命巴本組閣之前，總統興登堡接見各黨領導人，聽取有關組閣意見。五月三十日，興登堡最後約見納粹黨「領袖」希特勒，這是一次重要談話。希特勒「為了能與由總統授命組成的內閣進行有益的合作」，提出兩個條件：㈠馬上解除「突擊隊禁令」，㈡儘快解散國會，重新改選。希特勒強調，這兩個條件在一星期之前就已經對史萊赫將軍表達了。

　　五月三十一日，總統召見巴本，授命組閣。事實上，巴本內閣中的職位，總統早已指定內政、外交的重要人選：㈠內政部長是蓋爾（Wilhelm Freiherr von Gayl, 1879-1950），東普魯士人，原是德意志民族人民黨中的右翼，入閣後退出該黨。㈡外交部長是那拉德（Konstantin Freiherr von Neurath, 1873-1956），法律出身，一九〇一年進入外交部，一九二二年起出任公使，入閣前是駐英大使。一九三二年十二月底又任命首相辦公室次長（主任），這是協調政府工作的政治中樞。此外，槍桿子裡出政權，在總統的同意下，史萊赫自任國防部長。換言之，巴本內閣的名單，基本上是史萊赫與總統興登堡協商之下搞出來的。在巴本於六月二日提出內閣名單之前，史萊赫對巴本說：「我已經把組成內閣的專家湊齊了，你一定會滿意

的。」從此巴本首相有了一個綽號：「發言人部長」。巴本內閣沒有一位閣員
是國會議員。

　　國會中的左右政黨，都堅決反對巴本內閣，只有納粹黨人靜觀待變。
自從「威瑪聯合」垮臺，一直到布呂寧兩次內閣，歷屆內閣全靠國會中的
第一大黨社會民主黨的「容忍」施政。現在社會民主黨反對新閣，巴本首
相只有使用讓步策略，爭取希特勒，換取納粹黨人在國會中對新政府採取
「容忍」路線。這個讓步策略有兩個內容，也就是希特勒對總統興登堡提
出的兩個條件：解除「突擊隊禁令」和解散國會。解除「突擊隊禁令」，納
粹黨人可以為所欲為，進行政治活動；解散國會，納粹黨人期能獲得絕對
多數，取得政權。在進行選舉活動期間，納粹黨人又需要突擊隊用暴力打
擊政敵，特別是共產黨。

　　六月四日，巴本就任首相後的第三天，即根據總統批示，宣佈本日解
散國會，定於七月三十一日進行第六屆國會選舉。六月十六日，解除「突
擊隊禁令」。

・洛桑與日內瓦會議

　　在對外問題方面，巴本內閣的任務是：解除賠款義務及在裁軍問題上
取得軍事上的平等地位。

　　一九三二年六月十六日，協約國在洛桑召開賠償問題會議。七月九日，
洛桑協議規定：德國延期三年支付賠款，此後一次付清三十億金馬克。實
際上就是從此解除德國的賠款義務。

　　裁軍問題比較複雜。一九三二年二月二日，國際聯盟在日內瓦召開裁
軍會議。根據裁軍草案第五十三條，凡爾賽和約對德國的限武條款，不予
修改；勝利國的武裝要加以限制，但要高於德國的水準。德國代表團堅決

反對歧視，要求軍事上的平等待遇。從二月到四月，會議主要討論這個爭執問題。前任首相據理力爭，西方國家代表已有善意的回應，但法國反對，沒有結果。

一九三二年十二月十一日，巴本首相下臺後的一星期又在日內瓦召開限武會議。德、英、美、法、意五國聲明，完全解除凡爾賽和約第五部分關於軍事條款的約束力。換言之，德國從此取得軍事上的平等地位。十二月十四日，外長那拉德報告內閣說，五國聲明已經解除對於德國重整武備的限制，是外交上的一大成果。但左右政黨還是不滿，認為早該如此決定，為什麼拖到現在?! 在內政方面，此一外交成果對廣大的失業群眾來說，沒有發生直接的正面影響。

·普魯士事件

在巴本上臺後不久，且在解除「突擊隊禁令」之前，發生了普魯士邦議會事件。

普魯士是共和國十七個邦中最大的一個邦，管轄面積佔全國的三分之二，且有自己的「保安警察」，因此內政部長是一個非常重要的職位。誰能統治普魯士，誰就能控制首都，影響全國。因此，普魯士邦政府的首府柏林與中央政府的首都柏林如果不在同一政黨執政的情形下，中央與普魯士的對立，勢所難免。問題是，從共和國開始，普魯士就由社會民主黨領導的「威瑪聯合」（社會民主黨、中央黨、德意志民主黨）執政。在對抗來自左右的顛覆活動方面，發生了決定性的作用。普魯士是納粹黨人的眼中釘，總統興登堡更是討厭這個「紅黑聯合」。

在一九三二年四月二十四日的普魯士邦議會選舉中，「威瑪聯合」初次失去多數。納粹黨由原有的9席遽增為162席，是普魯士邦議會中的第一大

黨；與共產黨的席位（57）加在一起，超過絕對多數（總席位是424）。納
粹黨與共產黨是死對頭，就在邦議會開幕的那一天，五月二十五日，雙方
因為選舉普魯士邦政府總理問題，大打出手，導致邦議會無限期休會。

史萊赫要求對普魯士採取緊急措施，進行干涉。七月十一日，巴本召
開內閣會議，討論如何制止普魯士的政治暴行。內政部長蓋爾認為普魯士
的危機是共產主義的威脅，不談納粹；主張建議總統行使緊急法令，解散
普魯士邦議會及邦政府，由首相巴本兼任駐普魯士的「特派專使」，也就是
普魯士的最高行政長官，控制局面。閣員一致同意史萊赫及蓋爾的看法。
但是不能師出無名，在如何宣佈採取此一行動的「理由」方面，內閣意見
不一。因為這種做法傷害聯邦體制，顯然違憲。

七月二十日，巴本首相根據內閣決議，自己擔任駐普魯士的「特派專
使」，解除邦總理布勞恩及邦內政部長史維林的職務。這兩位都是「紅色」
社會民主黨人。巴本同時宣佈大柏林及布蘭登堡省進入戒嚴狀態，進行所
謂普魯士的「行政改革」，就是在人事方面進行「清黨」工作。在邦政府、
地方機構、警察單位中的負責官員以及屬於或接近社會民主黨、中央黨的
人員，一律免職，由忠於巴本內閣的「自家人」接任。

·第六屆國會選舉

一九三二年七月二十七日，國會選舉的前四天，希特勒在一次競選演
說中指出：「敵人指責我們納粹黨人，特別是我，是一群不容異己，而且是
好鬥成性的人。他們也強調，我們不想跟其他政黨合作，有人還加鹽加醋
地說，納粹黨的一舉一動根本不是德意志的作為，因為我們拒絕與其他政
黨合作。〔我要指出的是〕德國有三十個政黨，這才是標準的德國人。這
些大人先生們完全有理，我們不容異己。我給我自己定了一個目標，就是

把這三十個政黨從德國趕出去！」這是後話，立此存照。

一九三二年七月三十一日第六屆國會選舉，主要政黨得票結果如下：

	1932	(1930)
選民總數（百萬）	44.226	(42.957)
投票總數（百萬）	37.162	(34.970)
投票比率（%）	84.1%	(81.4%)
總席位	608	(577)

	得票（百萬）	(1930)	比率	(1930)	席位	(1930)
社會民主黨	7.957	(8.577)	21.6%	(24.5%)	133	(143)
中央黨	4.589	(4.127)	12.5%	(11.7%)	75	(68)
德意志人民黨	0.436	(1.578)	1.2%	(4.5%)	7	(30)
德意志民主黨	0.377	(1.322)	1.0%	(3.8%)	4	(20)
巴伐利亞人民黨	1.192	(1.005)	3.2%	(3.0%)	22	(19)
德意志民族人民黨	2.177	(2.458)	5.9%	(7.0%)	37	(41)
納粹黨	13.745	(6.409)	37.3%	(18.3%)	230	(107)
德國共產黨	5.283	(4.592)	14.3%	(13.1%)	89	(77)

　　這次選舉共有三十七個政黨參加競選。政黨分化，小黨林立，這是人心惶惶，迷失方向的一種反映。社會不寧，生活困苦，也使左翼、右派的競選活動激烈惡化；僅是七月就有九十九人因武鬥死亡，一百二十五人受傷。在選舉的那一天，又有九人死亡，五人掛彩。

　　這次選舉，納粹是最大的贏家，由107席（1930年）遽增一倍還多：230席，投票比率由18.3％（1930年）增至37.3％，是國會中的最大政黨。其次是共產黨，多得12席，計為89席。納粹黨與共產黨的席位加在一起（319席），超過國會總席位（608）的半數。僅是納粹黨人自己，就可以

在國會中呼風喚雨，左右政局了。納粹黨人在這次選舉之中，雖然沒有拿到絕對多數，取得政權，但是近在咫尺，為期不遠了。

圖87　一九三二年：納粹黨在柏林大學舉辦學生社團「戰鬥週」。全場舉手：「希特勒敬禮」。

在國會中，只有德意志民族人民黨及德意志人民黨支持巴本首相；兩黨席位加在一起不過44席，微不足道。另一方面，納粹黨要取得政權，中央黨反對巴本，也希望巴本內閣垮臺。兩黨聯合超過國會席位的半數。八月初，兩黨也確曾對共組政府事交換過意見。因此，選舉之後，史萊赫及巴本公開表示，有意邀請納粹黨人加入內閣參政。但是，正因為納粹黨在這次選舉中獲得空前大勝，希特勒獅子大開口，要求「全部政權」。

在八月十日的內閣會議上，史萊赫改變立場，認為根據這次選舉的結

果，希特勒不會加入內閣，敬陪末座，應該考慮讓希特勒出任首相。閣員
基本上不反對邀請納粹黨人入閣，共同執政。但是對於由希特勒接掌政權，
出任首相一節，閣員分成兩派，沒有共識。最後的決議是，與希特勒進行
談判，最好能夠取得對內閣有利的結果。

圖88　一九三二年九月，
巴本首相（右一）及國防
部長史萊赫將軍（圖中）
訪問「鋼盔團」。

　　八月十三日，總統興登堡接見希特勒，由巴本首相陪同。根據當時總
統辦公室主任麥斯納的記載，晤談情形如下：

　　「總統主動打開話題，表示他同意並歡迎納粹黨人及其領袖希特勒
　　加入政府工作。總統接著問希特勒，是否願意加入目前的巴本內閣。
　　希特勒說，基於他在今天上午與首相詳細討論過的諸多理由，無意

參加目前政府的工作。希特勒繼續指出，基於納粹運動的意義，他
和他的黨必須主持政府工作，完全掌握全部的國家領導。

總統堅定地指出，對希特勒的此一要求，他必須肯定的答覆：無法
接受。總統說，面對上帝，面對自己的良心和祖國，他不能不負責
任地把整個的政府權力交給一個政黨，而且是一個不容異己的政
黨。

希特勒再次強調，對他來說，除此之外，別無他計可行。

總統問：那你要當反對派？

希特勒：只好如此了。」

　　希特勒要求「全部政權」，總統一口拒絕，除了上帝、良心、祖國、不
容異己等冠冕堂皇的理由之外，老帥不喜歡這個「波希米亞的二等兵」
（Der böhmische Gefreite，這是興登堡對希特勒的蔑稱），和當時發生的
「波登壩事件」也有關聯。

　　針對選舉期間共產黨與納粹黨的突擊隊之間的武鬥與謀殺事件，巴本
首相於八月九日發佈緊急命令，制止政治暴行；以身試法者，死罪。這個
法令公佈不過數小時，在八月九日的夜裡，身著制服的突擊隊員，在上史
雷吉恩的一個村莊波登壩（Potemba, Kreis Gleiwitz）衝入一個說是共產黨
員的礦工家裡，把這個礦工從床上拉起來，在他母親的面前活活打死。八
月二十二日，特別法庭判決被告的突擊隊員九人中的五人死刑。希特勒在
黨報發表專文說：這是解決紅色劊子手的開始，他要以「無限地忠誠」和
被判死刑的同志站在一起，打倒這個共和政府，因為只有在這樣的政府的
統治下，這種判決才是可能的。八月九日發生的波登壩事件，對總統興登
堡上述八月十三日的決定，不無負面影響。

·第七屆國會選舉

　　九月十二日，新選國會開幕。這是第六屆國會的第一次會議，也是最後一次。巴本首相出席。會議開始時，共產黨人就提出撤銷九月四日發佈的緊急法令（「經濟復蘇方案」），同時要求表決對巴本內閣的不信任案。事出突然，納粹黨人提出建議，休會半小時，商討對策。

　　巴本首相不願在不信任案通過的情形下丟人下臺，於是利用休會的半小時，派專人火速前往總統府，取得興登堡同意解散國會的授權。會議重

圖89　一九三二年九月十二日，第六屆國會開幕。巴本首相（左中排站立者）把總統解散國會的命令交給國會議長戈林（右上站立者），並要求發言。戈林視而不理，首先表決共產黨人提出的不信任案，多數通過。

開時，巴本首相把總統解散國會的命令交給國會議長，同時要求發言。這位議長是納粹黨人戈林（Hermann Göring, 1893-1946），視而不理，馬上表決共產黨提出的不信任案；在納粹黨人的支持下，以512票對42票多數通過。不信任案雖然通過，並無實質意義，因為國會還是要根據總統的緊急命令，宣佈解散。問題是，共產黨、納粹黨、中央黨等等，一定要巴本丟人現眼。這一表決，對於政府威信的打擊，至深且鉅。在威瑪共和史上，內閣首相在國會遭到如此慘敗，這還是第一次。

　　一九三二年十一月六日，舉行第七屆國會選舉，主要政黨得票結果如下：

	1932 / 七	(1932 / 六)
選民總數（百萬）	44.374	(44.226)
投票總數（百萬）	35.758	(37.162)
投票比率（％）	80.6%	(84.1%)
總席位	584	(608)

	得票（百萬）	(1932 / 六)	比率	(1932 / 六)	席位	(1932 / 六)
社會民主黨	7.248	(7.957)	20.4%	(21.6%)	121	(133)
中央黨	4.230	(4.589)	11.9%	(12.5%)	70	(75)
德意志人民黨	0.661	(0.436)	1.9%	(1.2%)	11	(7)
德意志民主黨	0.336	(0.377)	1.0%	(1.0%)	2	(4)
巴伐利亞人民黨	1.095	(1.192)	3.1%	(3.2%)	20	(22)
德意志民族人民黨	2.959	(2.177)	8.3%	(5.9%)	52	(37)
納粹黨	11.737	(13.745)	33.1%	(37.3%)	196	(230)
德國共產黨	5.980	(5.283)	16.9%	(14.3%)	100	(89)

　　這次選舉結果，基本上沒有太大變化。納粹黨少得二百萬張選票（受到外交成果影響，缺少攻擊題目），　相對地減少了34席，仍是國會中的第一大黨。巴本的支持者德意志民族人民黨及德意志人民黨，小有斬獲，共得63席，對大局無補。巴本首相得不到國會的多數與支持。十一月十七日，巴本請辭。當天總統接受，但授命巴本，在新閣成立之前，繼續執行政府工作。

　　巴本提出辭職之後，次日，十一月十八日，總統興登堡邀請各黨領導人，討論是否要授命希特勒組閣問題。中央黨主席柯斯贊成，德意志民族人民黨的胡根貝格反對，巴伐利亞人民黨代表懷疑可行，德意志人民黨主席丁戈岱（Eduard Dingeldey, 1886-1942）拒絕。

　　十一月十九日，興登堡再度召見希特勒。興登堡對希特勒出任首相，領導政府工作一點，態度轉緩，但希特勒的立場不變，還是要求「全部政權」。興登堡堅持超黨派政府的原則。二十一日，總統辦公室主任麥斯納函告希特勒：總統授權希特勒，組成一個「有議會多數的內閣」。　希特勒拒絕，要求無條件地取得整個政權。總統表示無法接受。

　　十二月二日，興登堡邀晤史萊赫及巴本兩位親信，討論組閣問題。巴本首先表示，在目前的情勢下，只有用政變方式打開困局；取銷議會，解散政黨，成立一個權威政府，然後舉行公民投票，取得民意基礎。史萊赫反對，另有主張。他要利用納粹黨內矛盾進行分化，同時透過與工會的合作，爭取社會民主黨及其他黨派的支持。史萊赫改變策略，是因為此時他自己有出任首相的野心，巴本成了絆腳石。

　　十二月二日，召開內閣會議。在國防部長史萊赫的編導之下，國防部的一位代表針對巴本的政變計畫提出報告：在發生危機的情況下，政府的武裝力量及警察單位，無力對抗來自納粹或共產黨人的暴動；維持社會秩

序，保衛疆土。閣員深信不疑，反對巴本的政變計畫。大多閣員主張由史萊赫出面組閣。興登堡也擔心發生內戰，不再支持巴本。形勢逼人，當天巴本向總統交回成命，再度請辭。次日，十二月三日，史萊赫出任首相。

國會的不信任案，使首相丟人下臺，只好打掉牙連血吞。對於史萊赫的陰謀，巴本思報一箭之仇。

四、史萊赫內閣（1932年12月3日 — 1933年1月30日）

一九三二年十二月二日，巴本首相辭職。當天，總統興登堡授命史萊赫將軍組閣，第二天，不到二十四小時就提出新閣名單，打破共和國歷屆內閣的紀錄。

基本上，史萊赫接收巴本內閣的全班人馬（內政、勞工兩部除外）。當時對於史萊赫組閣，除了德意志民族人民黨外，納粹黨人採取敵我立場，中央黨及德意志人民黨是敬而遠之，社會民主黨認為史萊赫對共和國的威脅，比納粹還要嚴重。內閣的大部分閣員也不完全支持首相。對史萊赫來說，所有這些都無關重要。

・「強人」史萊赫

在威瑪共和時期，史萊赫是第一位軍人出身的將軍首相，是一位軍政大權集於一身的「強人」。史萊赫首相：

㈠自兼國防部長。行政首長自己掌握軍權，在威瑪共和時期，「史無前例」，意義非常。

㈡兼任普魯士的「特派專使」，是德國最大一邦的最高行政長官，也有

權指揮保安警察，對首都柏林的安全至為重要。

㈢身為「總統行政內閣」首相，在內政、外交方面可以不理內閣的決議，直接下達命令執行；也不必與其他政黨協商，更不必為在國會取得多數而傷透腦筋。

㈣在總統不能視事時，根據憲法代理總統執行職權。

帝國時代，鐵血宰相俾斯麥的權力，還不能與共和國的史萊赫相比，遜色得多。但是，這位「強人」史萊赫也是威瑪共和時期執政最短的一位首相，只有五十六天，而且接任的人又是納粹領袖希特勒。這是一件令人驚異和費解的事情。憲法第四十八條不是唯一的解釋。

史萊赫籌組內閣時，全力拉攏納粹黨人史拉塞（Gregor Strasser, 1892-1934）入閣，出任副首相，企圖利用史拉塞與希特勒的矛盾，分化納粹。史拉塞是納粹黨內組織部門的負責人，職位重要，但在聲望、地位以及鬥爭策略方面，都不能與希特勒相提並論。在取得政權前夕，希特勒決不容許被人分化，被人利用。因此用盡手段，阻止史拉塞加入史萊赫內閣，最後不惜用自殺威脅：「如果黨分裂，那我就在三分鐘內，用手槍來結束我自己！」十二月八日，史拉塞不敢反抗希特勒，辭去國會議員以及納粹黨組織部主任的職務，偷偷地溜出柏林。希特勒當權後，一九三四年被「自家人」謀殺。

另一方面，社會民主黨禁止自由工會與史萊赫合作。接近工會的策略又引起保守右派，尤其是胡根貝格、企業界和大地主的不滿。史萊赫分化納粹和聯合工會的路線，未能立竿見影；腹背受敵的處境，又給巴本製造了一個打落水狗，報一箭之仇的機會。

十二月九日，納粹黨議員與共產黨議員在國會中大打出手。自本日起，國會無限期休會，這是德意志共和國國會——在希特勒上臺前——的最後

一次會議。

·巴本與希特勒

　　國會無限期休會後，史萊赫首相要求總統解散議會，重新改選。興登堡認為史萊赫的處境是四面楚歌，已無力挽救自己的困境，不但拒絕，反而授意巴本，如何組成一個「有議會多數的內閣」。

　　一九三三年一月五日，巴本與希特勒在科隆的一個銀行家的寓所洽談如何改變政治環境。巴本建議組成聯合內閣，在這個內閣中，倆人地位平等。希特勒沒有表示態度。一月九日，巴本向總統彙報與希特勒的談話經過：希特勒已經放棄要求全部政權。這是無中生有，企圖騙取老總統的信任。興登堡果然同意，巴本可與希特勒繼續洽談組閣事宜。

　　就在這個時候，一月十五日，北萊茵－威斯法倫的小鎮利沛（Lippe，參見圖52）舉行地方選舉，有投票權的選民不過十萬餘人。納粹黨人全力以赴，選舉結果得到百分之四十的選票。良機難得，納粹黨人動用所有宣傳機器，好像在全國性的選舉中獲得大勝一樣，大肆宣揚選舉成果，助長希特勒的政治聲望。

　　一月十八日，巴本又與希特勒晤談，這次有總統公子歐斯卡參加，沒有首相史萊赫，他已被排擠出局，不是「自家人」了。希特勒對歐斯卡一再強調：只有他，希特勒，才能出任首相，主持大局。當晚，希特勒在柏林體育活動中心演講，公開要求總統興登堡任命他為首相。

　　一月二十三日，史萊赫首相向總統提出緊急措施建議：解散國會，暫時停辦國會選舉，全國戒嚴，禁止納粹黨及共產黨的政治活動。興登堡一概拒絕。這是總統的「不信任案」，等於說：首相，你可以下臺了！興登堡不再支持史萊赫，並不等於同意任命希特勒為首相，老帥仍然希望巴本能

夠組成一個「有議會多數的內閣」。

　　基於希特勒在小鎮利沛選後聲望高漲及其不妥協的態度，巴本立場動搖，同意希特勒出任首相，組成一個「有議會多數的內閣」。因此，巴本全力說服保守右派頭頭胡根貝格及「鋼盔團」的領導塞爾德（Franz Seldte, 1882-1947），攜手合作。一月二十六日三巨頭會談的結果是，建議總統任命希特勒為首相，巴本屈居副座，胡根貝格主掌經濟及農業，塞爾德任勞工部長。胡根貝格說：用這個策略，「我們把他〔希特勒〕圈起來了！」

　　兩天後，一月二十八日，史萊赫向總統提出最低要求，即簽署一張空白聲明，政府可依情況需要解散議會。總統拒絕。史萊赫見大勢已去，提出辭呈。總統再度授命巴本組閣。此時興登堡還是無意徵召這位「波希米亞的二等兵」為共和國首相。

　　一九三三年一月二十九日，新閣人事底定。發生決定性影響的是國防部長人選的解決。在巴本內閣及史萊赫內閣，都由史萊赫出任國防部長。這是一個關鍵性的職位，不能再由史萊赫出任，也不能由納粹黨人接掌，否則就「圈」不住希特勒了。總統興登堡推薦布倫貝格將軍（Werner von Blomberg, 1878-1946）出馬。當時他是出席日內瓦裁軍會議的德國代表。興登堡認識這位將軍，但不知道他是納粹的同路人，更不知道他的參謀長賴和諾（Walter von Reichenau, 1884-1942）是希特勒的忠實信徒。

　　在這決定性的時刻，傳出謠言：史萊赫將軍準備動員波茨坦的衛戍部隊，發動政變，阻止希特勒出任首相，而且還要軟禁總統。興登堡信以為真，害怕發生控制不住的內亂，決心儘快結束無政府狀態。

　　一九三三年一月三十日晨，總統興登堡任命希特勒為首相。當天下午，希特勒進入首相府，發誓說：「在這個世界上，沒有任何力量可以把我從這裡活著拖出去！」

圖90　一九三七年九月二十六日，莫索里尼訪問柏林期間，參觀軍事演習，由希特勒陪同，與布倫貝格將軍（圖右）握手寒喧。

一九三三年一月，布倫貝格由於總統興登堡的推薦，在希特勒內閣中任國防部長。一九三六年，希特勒任命為陸軍元帥。一九三八年再婚時，一位警察從報紙的結婚廣告中發現這位元帥夫人曾是春宮照片的模特兒（德國史書打馬過橋，只說夫人「有不名譽的過去」），有案可查，乃向上級揭發。一九三八年一月十二日，布倫貝格被迫辭職。

圖91　希特勒取得政權後，下令重建首相府。這是希特勒的辦公室。

　　去年十二月二日的劇本重新上演，只是編導換人，這回是巴本。以子之矛，攻子之盾，史萊赫將軍是被自己的武器打垮了。從當時的情勢來看，希特勒取得政權，是一件遲早要發生的事情。但是希特勒能在一九三三年一月三十日出任首相，則是一九三三年一月間一小撮沒有政治細胞、沒有政治理念和自私短見的政客背後搞鬼的結果。在這場權術鬥爭中，巴本把希特勒用為紙牌中的「百搭」，搞垮史萊赫。希特勒坐山觀虎鬥，政權是送上來的。

五、希特勒內閣（1933年1月30日—3月23日）

　　一九三三年一月三十日，希特勒進入首相府，即發表內閣名單：

首相	希特勒	納粹黨
副首相	巴本	無黨派
內政部長	傅立克 （Wilhelm Frick）	納粹黨
不管部長	戈林	納粹黨
經濟部長兼 糧食及農業部長	胡根貝格	德意志民族人民黨
法務部長	顧特諾 （Franz Gürtner）	德意志民族人民黨
勞働部長	塞爾德	鋼盔團
外交部長	那拉德	無黨派
國防部長	布倫貝格	無黨派
財政部長	柯羅斯科 （J. L. Gf. Schwerin von Krosigk）	無黨派
郵政部長兼 交通部長	艾爾斯・魯貝納 （Paul Freiherr von Eltz-Rübenach）	無黨派

圖92　一九三三年一月三十日，希特勒出任首相組閣後，與內閣中的兩位納粹黨人戈林（不管部長，右）及傅立克（內政部，左）合影。

　　初看之下，新閣中，除希特勒外，只有兩名納粹黨人（內政部長及不管部長）。希特勒確實是被保守分子德意志民族人民黨及無黨派人士「圈住」了。此外，巴本副首相兼任普魯士的最高行政長官，在這種佈局下，希特勒是打頭陣的傀儡首相。一月三十日內閣成立後，巴本對他周圍的人士說：「你們還要怎樣？我有興登堡的信任，在兩個月內，我們就會把希特勒擠入死胡同，讓他喘不過氣來。」

　　在進一步的分析之下，情況並非如此。這些貴族、軍人、財閥出身的政客，未能懂得以少勝多的鬥爭藝術。在討論內閣人事時，希特勒提出一個交換條件：他同意巴本提出的內閣名單，但要求戈林兼任普魯士邦政府的內政部長。巴本同意。由納粹黨人在中央政府及普魯士邦政府擔任內政部長，等於在全國控制了警察隊伍；在對付政敵方面，這是一支合法的武裝力量。國防部長布倫貝格是納粹黨的同路人，他的參謀長又是希特勒的

忠實信徒，在新閣中又升為國防部長辦公室主任。倆人不久成為希特勒內閣的「橋頭堡」。至於法務部長顧特諾老早就是希特勒的崇拜者和老朋友。

組閣後，希特勒用「合法手段」取得「全部政權」的第一個措施是：解散國會，重新改選。希特勒的目標是：絕對多數。

二月一日，國會解散，定於三月五日舉行第八屆國會選舉。投票的前五天，二月二十七日夜，國會大廈有人縱火。次日，內閣即根據總統簽署的緊急命令，公佈「保障國家及人民法令」。警察開始逮捕共產黨人、社會民主黨人、政敵，還有不聽話的作家與記者。一網打盡，送入監獄，不久又關進集中營。

一九三三年三月五日，舉行第八屆國會選舉，是德意志共和國最後一次的自由選舉。主要政黨得票結果如下：

	1933	（1932／七）
選民總數（百萬）	44.685	(44.374)
投票總數（百萬）	39.654	(35.758)
投票比率（%）	88.8%	(80.6%)
總席位	647	(584)

	得票（百萬）	（1932／七）	比率	（1932／七）	席位	（1932／七）
社會民主黨	7.181	(7.248)	18.3%	(20.4%)	120	(121)
中央黨	4.425	(4.230)	11.2%	(11.9%)	74	(70)
德意志人民黨	0.432	(0.661)	1.1%	(1.9%)	2	(11)
德意志民主黨	0.334	(0.336)	0.9%	(1.0%)	5	(2)
巴伐利亞人民黨	1.074	(1.095)	2.7%	(3.1%)	5	(20)
德意志民族人民黨	3.136	(2.959)	8.0%	(8.3%)	52	(52)
納粹黨	17.277	(11.737)	43.9%	(33.1%)	288	(196)
德國共產黨	4.848	(5.980)	12.3%	(16.9%)	81	(100)

Ein Volk, ein Reich, ein Führer!

圖 93　這是希特勒批准在黨政軍機構及學校懸掛的玉照。一九三八年三月十二日，希特勒下令合併奧國之後，又在照片的下面加了一句名言：「一個民族、一個國家、一個領袖！」在三十年代的中國，好像見過。

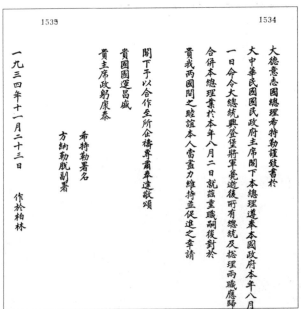

大德意志國總理希特勒謹書於
大中華民國國民政府主席閣下本總理遵奉本國政府本年八月一日命大總統興登堡將軍竟逝後所有總統及攝理兩職應歸合併本總理業於本年八月二日就茲重職嗣後對於貴我兩國間之睦誼本人當盡力維持並促進之幸請貴主席政躬康泰貴國國運昌盛閣下于以合作至所企禱專肅奉達敬頌

希特勒署名
方納勒肌副署

一九三四年十一月二十三日　作於柏林

1535　　　　1534

圖94　照會譯文
資料來源：中央研究院近代史研究所外交檔案原件抄本

圖95 「一個小突擊隊員」（1933年）。

圖96 希特勒的德意志「人民共同體」。（畫家：A. Paul Weber，1932）

　　這次選舉，納粹黨人大勝，比一九三二年的國會選舉多了五百五十萬張選票，席次由196增為288席。納粹黨人雖然用盡一切合法、非法手段影響選舉，還是未能取得絕對多數。希特勒必須另謀途徑。

　　希特勒用「合法手段」取得「全部政權」的第二個措施是，要求國會通過「授權法」，即在未來的四年，國會把立法權交給政府，政府可以發佈行政命令使憲法規定的基本權利不再發生效用，政府不受國會的制衡與監督。總統是虛位元首。

　　這是一個修改憲法的提案，要有三分之二的國會議員贊成才能通過。國會的總席位是647，納粹黨議員只有288名，不夠三分之二。首先警察把81名共產黨議員逮捕入獄，並取銷議員資格。如此一來，國會議員總數減為566人。三分之二是378人。納粹黨議員288人加上德意志民族人民黨的52名議員，共為340人，還差38人。因此繼續逮捕「不可靠」的議員，達到法定的三分之二人數。「授權法」表決結果，有441名議員贊成，只有94票反對。反對票來自社會民主黨。「授權法」於一九三七年、一九三九年兩次延長後，一九四三年根據領袖命令無限期延長。

　　一九三三年三月二十三日國會通過的「授權法」（全名是：「解救國家及人民困局的緊急法令」Ermächtigungsgesetz: Gesetz zur Behebung der Not von Volk und Reich），是國會宣佈德意志共和國死亡的歷史文獻，是希特勒用「合法手段」取得「全部政權」的開始。

後　記

　　一九四五年四月三十日，希特勒自殺；死前是「第三帝國」的強人，死後是世界名人。五十多年來，希特勒像個幽靈，在德國的土地上到處遊蕩，有時還興風作浪。今天的德國人，跟希特勒是難分難解，無法劃清界線。有關希特勒及納粹德國罪行的媒體報導，幾乎無日無之。最近幾年來，關於新納粹分子的興起及屠殺猶太人的「劊子手」的討論、瑞士的納粹黃金、是否要在柏林建造「猶太人大屠殺紀念碑」的爭執等等，都是熱門話題。在德國，二次戰後研究納粹德國十二年統治歷史的各種論著，不談立場，就數量而言，可以說是汗牛充棟。但是一般人對於希特勒及納粹的罪行，能不談，最好避免。在不得已的情形下，通常有三個似是而非的說法，用來辯解：一、希特勒是奧國人，外國人；非我族類。二、希特勒與德國的歷史發展，沒有直接關係。意思是說，「第三帝國」是一段不幸的插曲。三、希特勒「奪權」。換句話說，德國人沒有人支持希特勒取得政權，政權是「奪」來的。

　　德國的第二全國電視臺，有位負責德國現代史的編輯，柯諾普（Guido Knopp），於一九九五年播出在他領導下製作的文獻專輯：「希特勒——蓋棺論定」（書名相同），一共六集，每集四十五分鐘。國內收視率頗高，國外銷路也不錯。趁熱打鐵，柯諾普接著播出文獻專輯「第二次世界大戰」，「希特勒的幫兇」。最近，在播出「希特勒的將領」文獻專輯後，《法蘭克福廣知報》（*Frankfurter Allgemeine Zeitung*，世界十大名報之一），發表一

篇評論，對柯諾普的編導手法提出批評，引起該報讀者的爭論；有人支持，有人反對。筆者也加入論戰，寫了一封讀者投書，《法蘭克福廣知報》於一九九八年五月十六日刊出，但非全文。刊出部分的中譯是：

「哈特曼女士的讀者投書（《法蘭克福廣知報》，4月30日）：『終於有一位柯諾普』有關電視專輯『希特勒的幫兇』的討論：

讀者哈特曼指出：『……終於有一位與高哈根和雷思瑪不同的柯諾普，在他的專著和影集中，把正確的歷史整理出來，我們德國人不應該感謝嗎?!』

對此有幾點說明：

柯諾普在他的專著和影集中提出一個論點：『從馬丁‧路德經俾斯麥不是一條直路通達希特勒。』

在威瑪共和時期，政治領導人、知識分子，尤其是軍事將領無法接受的一個事實是：波蘭根據凡爾賽和約取得德國的領土和有了自己的國家。譬如布呂寧政府的波蘭政策，就是要長期地實現『最大限度的解決』。至於蘇俄，布雷斯特—利陶斯克和約及其附屬條約，並不比凡爾賽和約人道得多。

從馬丁‧路德經俾斯麥不是一條『直路』通達希特勒，這是對的。但是攻打波蘭的閃電戰爭和進攻蘇聯，也都有其『歷史根源』。希特勒是『反射性的促進了一種政治的情感傳統。這種情感傳統可以追溯到〔反法〕解放戰爭，同時也曾在成千上萬的歌謠、畫片和歷史故事中廣為傳播。』（蔡思曼：〈你們看看……〉，《法蘭克福廣知報》副刊，4月30日）

柯諾普在他的電視影集及專著中一再強調：希特勒，『奧國人』《希特勒 —— 蓋棺論定》，柏林，1995，頁8)，『他從外邊來的』(頁10)，『他是從奧國來的』(頁16)，『希特勒是外國人，不是德國人。』(頁124) 姑且不談希特勒於一九三二年已經取得德國國籍，這裡出現了一個問題：那些來自詩人和思想家民族的『希特勒的幫兇』，怎

麼會追從這個瘋狂的『外國人』呢?

在史學專著中，少有例外，都說希特勒『奪取政權』。柯諾普不滿意，他製造了一個新名詞：『騙取政權』。與登堡總統一直到最後關頭拒絕接受希特勒為首相。他終於放棄抵抗，那是一九三三年一月陰謀的結果。任命希特勒為首相，完全符合威瑪憲法的程序；不是『奪權』，更談不上『騙取政權』。希特勒是用『合法』手段取得政權的。」

刊出投書部分的原文是：

1933 nicht erschlichene Macht

Zum Brief von Leserin Thilde Hartmann „Endlich ein Guido Knopp" (F.A.Z. vom 30. April) bezüglich der Diskussion über die Fernsehserie „Hitlers Helfer": Leserin Hartmann schreibt: „Sollten wir Deutsche nicht dankbar sein, daß . . . endlich ein Guido Knopp mit seinen Büchern und Filmen die korrekte Geschichte, als Gegenbeispiel zu Goldhagen und Reemtsma, aufarbeitet?" Dazu einige Bemerkungen: Knopp vertritt in seinen Sendungen und Büchern die These: „Von Luther über Bismarck führt kein gerader Weg zu Hitler." Knopp stellt diese These auf, ohne sie zu begründen. In der Weimarer Republik konnten führende Politiker, Akademiker und vor allem die Militärs die Tatsache nicht hinnehmen, daß Polen aufgrund des Versailler Vertrags deutsche Territorien, aber auch einen eigenen Staat erhielt. Die Polen-Politik der Brüning-Regierung zielte zum Beispiel langfristig auf eine „Maximallösung". Was Sowjetrußland betrifft, waren der Friedensvertrag von Brest-Litowsk und sein Zusatzvertrag nicht weniger brutal als der Versailler Vertrag. Es ist richtig: Von Luther über Bismarck führt kein „gerader" Weg zu Hitler. Aber der Blitzkrieg gegen Polen und der Überfall auf die Sowjetunion haben doch ihre „historische Wurzel". Hitler „aktivierte reflexartig eine politische Gefühlstradition, die bis auf die Befreiungskriege zurückging und tausendfach in Bildern, Liedern und Geschichten verbreitet worden war" (Michael Jeismann, „Schaut euch an", F.A.Z.-Feuilleton vom 30. April).

Knopp hebt in seinen Sendungen und Büchern hervor: Hitler, „ein Österreicher" („Hitler – Eine Bilanz", Berlin 1995, Seite 8). „Er kam von außen" (Seite 10), „aus Österreich kam er schon" (Seite 16) und „Hitler war Ausländer und nicht Deutscher" (Seite 124). Abgesehen davon, daß Hitler 1932 die deutsche Staatsangehörigkeit erhielt, taucht schon eine Frage auf: Wie kam es, daß „Hitlers Helfer" aus einem Volk der Dichter und Denker diesem wahnsinnigen „Ausländer" gefolgt waren? In der Fachliteratur – mit wenigen Ausnahmen – spricht man von der „Machtergreifung" Hitlers. Das gefällt Knopp nicht. Er prägt einen neuen Begriff: „Machterschleichung". Es war Reichspräsident Hindenburg, der bis zum bitteren Ende einen klaren Kopf behielt und sich weigerte, Hitler als Reichskanzler zu akzeptieren. Daß er seinen Widerstand endgültig aufgab, war die Folge der Intrigen des Januars 1933. Die Berufung Hitlers zum Reichskanzler war nach den Bestimmungen der Weimarer Verfassung ein korrekter Vorgang. Es war keine „Machtergreifung", noch weniger eine „Machterschleichung". Hitler hatte die Macht „legal" übernommen.

《法蘭克福廣知報》編輯刪去筆者投書的第一段全文的中譯如下：

「柯諾普在他的影集及著作中提出下面的論點：『從路德經俾斯麥沒有一條直路通達希特勒。』柯諾普提出這個論點，但是沒有求證。在三十年代，火燒猶太人教堂及焚書，不是納粹黨人的創意。早在一五四三年馬丁‧路德就發出『真誠的勸告』：『猶太人的教堂和學校，放火燒掉。』因為『耶穌基督的判決完全是正確的：猶太人是惡毒的、怨恨的、報復心重的、活在本土地的蛇，是謀殺兇手、魔鬼的子女；他們暗中螫人，製造傷害。因為他們不敢公開為之。』路德於一五四六年二月十五日在他最後一次的佈道中，還大聲疾呼：『因此，你們不必為他們而受痛苦，趕走他們！』針對路德是猶太人的敵對者這一論點，米哈利斯教授說：路德一五四三年的文章『對此後反猶主義的歷史影響，無法證實。』（《法蘭克福廣知報》，1997年6月18日）這個結論，顧特納在他的讀者投書《法蘭克福廣知報》，1997年7月3日）中，予以有力地反駁。在德國，戰後出生的一代，包括知識分子，很少有人知道上述路德『反猶太民族的戰鬥文章』。這是一個奇異的現象。」

本節的原文如下：

Knopp vertritt in seinen Sendungen und Büchern die These: „Von Luther über Bismarck führt kein gerader Weg zu Hitler."Knopp stellt diese These auf, ohne sie zu begründen.

Die Verbrennung von Synagogen und Büchern in den 30er Jahren war keine originelle Idee der Nazis. Schon 1543 hatte Martin Luther den „treuen Rat" gegeben: „Die Synagogen und Schulen mit Feuer anzustecken, " denn „es stimmet aber alles mit dem Urteil Christi, daß sie giftige, bittere, rachgierige, heimische Schlangen, Meuchelmörder und Teufelskinder sind,

die heimlich stechen und Schaden tun, weil sie es öffentlich nicht vermö-
gen." Luther rief in seiner letzten Predigt am 15.02.1546 auf:„Darum sollt
ihr Herren sie nicht leiden, sondern sie wegtreiben. " Zu der These, daß
Luther ein Judenfeind sei, schreibt Michaelis: „Historische Nachwirkungen
[der Lutherschrift von 1543] auf den Antisemitismus späterer Zeiten sind
ebenfalls nicht belegbar" (F.A.Z. vom 18.06.1997, Feuilleton). Diese Schlu
ßfolgerung hat Hans Jürgen Günther in seinem Leserbrief (F.A.Z. vom
03.07.1997) überzeugend widerlegt. Es ist bemerkenswert, daß die in
Deutschland nach dem Krieg Geborenen, auch Akademiker, die „Kampf-
schriften gegen das Judentum" von Luther kaum kennen.

引用及參考書目
（報章、雜誌除外）

Akten der Reichskanzlei, Weimarer Republik, hrsg. für die Historische Kommission bei der Bayerischen Akademie der Wissenschaften von Karl Dietrich Erdmann und für das Bundesarchiv von Hans Booms, Wolfgang Mommsen, Boppard.

Das Kabinett Scheidemann (1919), bearbeitet von Hagen Schulze, 1971.

Das Kabinett Bauer (1919/20), Anton Golecki, 1980.

Das Kabinett Müller I (1920), Martin Vogt, 1971.

Das Kabinett Fehrenbach (1920/21), Peter wulf, 1972.

Das Kabinett Wirth I und II (1921/22), Ingrid Schulze-Bidlingmaier, 1973.

Das Kabinett Cuno (1922/23), Karl-Heinz Harbeck, 1968.

Die Kabinette Stresemann I und II (1923), Karl Dietrich Erdmann und Martin Vogt, 1978.

Die Kabinette Marx I und II (1923/25), Günter Abramowski, 1973.

Die Kabinette Luther I und II (1925/26), Karl-Heinz Minuth, 1977.

Die Kabinette Marx III und IV (1926/28), Günter Abramowski, 1988.

Das Kabinett Müller I (1928/30), Martin Vogt, 1970.

Die Kabinette Brüning I und II (1930/32), Tilmann Koops, 1982.

Das Kabinett von Papen (1932), Karl-Heinz Minuth, 1989.

Das Kabinett von Schleicher (1932/33), Anton Golecki, 1986.

Die Regierung Hitler, Teil I: 1933/34, Karl-Heinz Minuth, 1983.

Benz, Wolfgang/Graml, Hermann (Hrsg.): *Biographisches Lexikon zur Weimarer Republik*, München 1995.

Bracher, Karl Dietrich: *Die Auflösung der Weimarer Republik. Eine Studie zum Problem des Machtverfalls in der Demokratie*, Düsseldorf 1984.

Bracher, Karl Dietrich/Funke, Manfred/Jacobson, Hans-Adolf (Hrsg.): *Die Weimarer Republik 1918–1933*, Düsseldorf 1987.

Ehls, Marie-Luise: *Protest und Propaganda. Demonstrationen in Berlin zur Zeit der Weimarer Republik*, Berlin und New York 1997.

Erdmann, Karl Dietrich: *Die Weimarer Republik*, München 1988.

Erdmann, Karl Dietrich/Schulze, Hagen (Hrsg.): *Weimar. Selbstpreisgabe einer Demokratie. Eine Bilanz heute*, Düsseldorf 1980.

Gessner, Dieter: *Das Ende der Weimarer Republik. Fragen, Methoden und Ergebnisse interdisziplinärer Forschung*, Darmstadt 1978.

Grube, Frank/Richter, Gerhard: *Die Weimarer Republik*, Hamburg 1983.

Gusy, Christof: *Die Weimarer Reichsverfassung*, Tübingen 1997.

Haffner, Sebastian: *Von Bismarck zu Hitler. Ein Rückblick*, 1987.

———: *Der Teufelspakt. Die deutsch-russischen Beziehungen vom Ersten zum Zweiten Weltkrieg*, Zürich 1989.

———: *Der Verrat*, Berlin 1995 (3. korrigierte und erweiterte Auflage).

Jasper, Gotthard (Hrsg.): *Von Weimar zu Hitler 1930–1933*, Köln-Berlin
  1968.

–––: *Die gescheiterte Zähmung. Wege zur Machtergreifung Hitlers
  1930–1934*, Frankfurt 1986.

Knopp, Guido: *Hitler-Eine Bilanz*, Berlin 1995.

König, Rudolf/Soell, Hartmut/Weber, Hermann (Hrsg.): *Friedrich Ebert
  und seine Zeit. Bilanz und Perspektiven der Forschung*, München
  1991.

Kolb, Eberhard: *Die Weimarer Republik*, München 1984.

–––: *Friedrich Ebert als Reichspräsident. Amtsführung und
  Amtsverständnis*, München 1997.

Krummacher, F.A./Wucher, Albert (Hrsg.): *Die Weimarer Republik. Ihre
  Geschichte in Texten, Bildern und Dokumenten*, Wiesbaden 1965.

Küppers, Heinrich: *Joseph Wirth. Parlamentarier, Minister und Kanzler
  der Weimarer Republik*, Stuttgart 1997.

Maxelon, Michael-Olaf: *Stresemann und Frankreich. Deutsche Politik der
  Ost-West-Balance*, Düsseldorf 1972.

Michalka, Wolfgang/Niedhart, Gottfried (Hrsg.): *Die ungeliebte Republik.
  Dokumente zur Innen-und Außenpolitik Weimars 1918–1933*,
  München 1986 (4).

Möller, Horst: *Weimar. Die unvollendete Demokratie*, München 1985.

Niedhart, Gottfried: *Deutsche Geschichte 1918–1933: Politik in der
  Weimarer Republik und der Sieg der Rechten*, Stuttgart 1994.

Overesch, Manfred/Saal, F. Wilhelm: *Die Weimarer Republik. Eine*

Tageschronik der Politik. Wirtschaft. Kultur, Düsseldorf 1992.

Rabenau, Friedrich von: *Seeckt. Aus seinem Leben 1918–1936*, Leipzig 1940, 2 Bde.

Rauscher, Walter: *Hindenburg. Feldmarschall und Reichspräsident*, Wien 1997.

Rees, Laurence: *Die Nazis. Eine Warnung der Geschichte*, München und Zürich 1997.

Schulze, Hagen: *Weimar: Deutschland 1917–1933*, Berlin 1982.

Schwabe, Klaus (Hrsg.): *Quellen zum Friedensschluss von Versailles. Ausgewählte Quellen zur deutschen Geschichte der Neuzeit*, Darmstadt 1997.

Turner, Henry A., Jr.: *Hitlers Weg zur Macht. Der Januar 1933*, München 1996.

Winkler, Heinrich August: *Weimar 1918–1933: Die Geschichte der ersten deutschen Demokratie*, München 1993.

––– (Hrsg.): *Die deutsche Staatskrise 1930–1933*, München 1992.

中文部分：

丁建弘、陸世澄主編：《德國通史簡編》，北京：人民出版社，一九九一。

丁建弘、孫仁宗主編：《世界史手冊》，杭州：浙江人民出版社，一九八八。

中國德國史研究會・青島中德關係研究會主編：《德國史論文集》，青島：青島出版社，一九九二。

王曾才：《西洋現代史》，臺北：東華書局，一九八七（六版）。

朱忠武、朱懋鐸、肖漢森、吳友法、宋鐘璜、黃正柏主編：《德國現代史

1918–1945》，濟南：山東大學出版社，一九八六。

李邁先：《西洋現代史》，臺北：三民書局，一九八六（五版）。

吳友法：《冒險、失敗與崛起——二十世紀德意志史》，武漢：武漢大學出版社，一九九二。

拉夫，迪特爾：《德意志史——從古老帝國到第二共和國》，波恩：Inter Nationes，一九八七。

邵建東、陳曉律：《德國新史》，香港：開明書店，一九九一。

埃爾德曼，卡爾‧迪特利希：《德意志史》，第四卷：世界大戰時期 (1914–1950)，上冊，高年生等譯，北京：商務印書館，一九八六。

郭少棠：《德國現代化新論——權力與自由》，臺北：商務印書館，一九九三。

郭恒鈺：《德意志帝國史話》，臺北：三民書局，一九九二。

授權照片來源：

Bildarchiv Preussischer Kulturbesitz, Berlin:

4, 5, 6, 8, 10, 11, 12, 15, 18, 19, 20, 21, 22, 23, 24, 25, 26, 27, 28, 29, 30, 31, 32, 33, 34, 35, 36, 39, 41, 44, 47, 49, 50, 54, 59, 61, 62, 63, 64, 66, 67, 68, 77, 78, 79, 80, 82, 83, 86, 89, 90, 96.

Archiv für Kunst und Geschichte, Berlin:

13, 42, 45, 48, 51, 55, 81, 84, 87, 88, 91, 93, 95.

Ullstein Bilderdienst, Berlin:

3, 7, 9, 14, 16, 17, 37, 38, 40, 43, 46, 53, 56, 57, 58, 60, 65, 72, 73, 74, 75, 76, 92.

索 引

二　劃

三　劃

四　劃

五　劃

七 劃

十　劃

十一　劃

十四　劃

十五　劃

歷史的、喜劇的、悲劇的——

馬基維利及其時代

在十六世紀，「馬基維利」就等同於「權力陰謀」、「霸術」，人們對馬基維利嗤之以鼻，教皇甚至下令「馬基維利的全部著作全為禁書，善良的基督教徒不宜閱讀。」然而今日其名著《君王論》甚至竟被奉為謀略經典，其中奧秘何在？

我的朋友馬基維利
塩野七生 著

馬基維利在亂世東奔西走，他「看到了什麼、做了什麼、想到了什麼」？

馬基維利語錄
塩野七生 著

馬基維利畢生思想精華盡在其中

回溯 中國現代史上具重大意義的關鍵時刻
揭露二〇年代歷史真相

俄共中國革命祕檔（一九二〇～一九二五）

俄共中國革命祕檔（一九二六）

郭恒鈺 著

二〇年代的國共兩黨關係，是中國現代史上一段具有重大意義和深遠影響的歷史。一九九二年，俄羅斯科學院遠東研究所、前蘇共中央檔案館與柏林自由大學東亞研究所合作，出版了《俄共中國革命祕檔》，對於二〇年代初期的「中國革命」提供了諸多迄今聞所未聞的珍貴史料。

共產國際與中國革命　　郭恒鈺 原著

「只有忠於事實，才能忠於真理。」本書以客觀的史筆、詳實的史料，闡述了共產國際統一戰線策略下，早期國共關係的曲折發展。

完全剖析

十九世紀末、二十世紀
德國各層面問題
爲欲了解德國事務者之
最佳參考

德國在那裏？（政治．經濟）
——聯邦德國四十年

德國在那裏？（文化．統一）
——聯邦德國四十年

郭恒鈺、許琳菲 等著

對德國成功經驗的總回顧，有系統的
討論聯邦德國政治、文化、經濟、教育、
制度各方面的發展歷史與現狀。

統一後的德國

郭恒鈺 主編

1990年的德國統一是兩個完全不同政經體制國家的重新整
合。本書即從此觀點出發，從經濟、社會、文化等方面探討德國
統一後的種種問題。

德國問題與歐洲秩序

彭滂沱 著

以「德國問題」的本質爲經，以歐洲秩序的變化爲緯，探
索1871年至1991年之間德國與歐洲安全體系的關係。

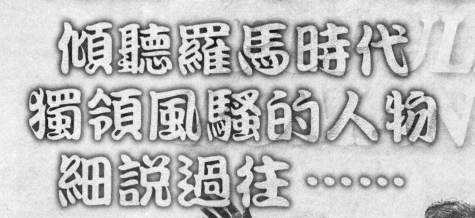

傾聽羅馬時代
獨領風騷的人物
細說過往……

塩野七生　著